历史不能忘记系列

华北抗战

宋媚丽◎著

中国民主法制出版社

2015年·北京

图书在版编目（CIP）数据

华北抗战/宋媚丽著．—北京：中国民主法制出版社，
2015.7

（历史不能忘记系列）

ISBN 978-7-5162-0935-6

Ⅰ.①华… Ⅱ.①宋… Ⅲ.①抗日战争史—华北地区
—青少年读物 Ⅳ.①K265.09

中国版本图书馆 CIP 数据核字（2015）第 180378 号

历史不能忘记系列
　　张量　主编
图书出品人：刘海涛
出 版 统 筹：赵卜慧
责 任 编 辑：吕发成　胡百涛

─────────────────────────

书名/华北抗战
作者/宋媚丽　著

─────────────────────────

出版·发行/中国民主法制出版社
地址/北京市丰台区玉林里 7 号（100069）
电话/63055259（总编室）　63057714（发行部）
传真/63056975　63056983
http：//www. npcpub. com
E-mail：mzfz@npcpub. com
经销/新华书店
开本/32 开　880 毫米×1230 毫米
印张/7.125　**字数/**142 千字
版本/2023 年 3 月第 2 次印刷
印刷/涿州市荣升新创印刷有限公司

─────────────────────────

书号/ISBN 978-7-5162-0935-6
定价/49.80 元

─────────────────────────

▶ 修订版序

中国出版集团旗下中国民主法制出版社，将在中国人民抗日战争暨世界反法西斯战争胜利70周年之际，修订再版"历史不能忘记"系列丛书，我感到非常高兴。当年我参加组织编写了这套丛书，得到了社会的认可。在老一辈无产阶级革命家杨成武同志为第一版作序后，由我为再版作序。虽然水平有限，然出版社坚持，也只好尽力而为了。

1993年以后，日本国内的右翼势力开始猖獗，日本政局也开始出现右倾化的动向，不时上演参拜靖国神社、篡改历史教科书、否定南京大屠杀，为日本侵华战争涂脂抹粉，企图推卸战争责任的闹剧。前事不忘，后事之师。要让中国人民和世界人民永远牢记这段历史，尤其要让青少年从小就了解、记住这段历史。在我国国内，虽然抗日战争方面的图书资料很多，却难见一套比较系统地对青少年进行抗日战争方面的爱国主义教育的丛书。1998年初，中国民主法制出版社的编辑赵卜慧等同志策划了"历史不能忘记"系列丛书。受出版社邀请，我组织时任中国社会科学院近代史研究所所长、《抗日战争研究》杂志主编、中国抗日战争史学会副会长张海鹏，中国第二历史档案馆馆长、中国抗日战争史学会理事周忠信，中国人民大学中共党史系主任、博士生导师陈明显，中国人民抗日战争纪念馆编研部主任、中国抗日战争史学会常务理事、研究员张量和中国人民解放军军事医学科学院研究员、细菌学专家郭成周以及对抗日战争史有深入研究的专家学者，精心编写了这套丛书。这套丛书收录了大量的史料和图片，有些是首次公之于众的，揭露了日本侵略中国所犯下的滔天罪行，如南京大屠杀、日军细菌部队罪行等；讴歌了中国人民浴血奋战，与日本侵略者血战到底的气壮山河、可歌可泣的民族精神，如八一三淞沪会战、台儿庄战役、百团大战等。该丛书第一版推出 12 本，于 1999 年 9 月出版。丛书出版后在读者中引起了很好的反响，当年就名列共青团中央"中国新世纪读书计划第 7 期新书推荐榜"，并被列为上海市中小学生图书馆必备书目，荣获第 9 届上海市中小学生优秀课外读物三等奖。

近几年，日本政府在右倾化的道路上越走越远，尤其是安倍上台以后，不但矢口否认历史，而且否认对侵略历史表示歉意的"村山谈话"，挑起诸多事端，解禁集体自卫权，对外出售武器，动摇日本战后和平宪法的根基，加快日本军国主义的复活，引起世界各国尤其是曾经遭受日本军国主义铁蹄蹂躏的亚洲邻国的高度警惕。

为了铭记历史、缅怀先烈、珍视和平、警示未来，2014年2月27日，全国人大常委会通过了《全国人民代表大会常务委员会关于确定中国人民抗日战争胜利纪念日的决定》，以法律的形式，将每年9月3日确定为中国人民抗日战争胜利纪念日；2014年4月10日，又通过了《全国人民代表大会常务委员会关于设立南京大屠杀死难者国家公祭日的决定》。今年是中国人民抗日战争暨世界反法西斯战争胜利70周年，我国将在纪念日举行空前盛大的阅兵活动，向世界宣示中国维持战后世界秩序的坚定决心。

在此之际，修订再版"历史不能忘记"系列丛书，充分体现了中国民主法制出版社的担当意识和责任精神。丛书站在新的历史方位，挖掘和整理最新史学研究成果和文献资料，由初版12册增加到22册，内容更加丰富，事实更加清晰，范围更加广阔，尤其是把儿童抗战、文化抗战、台湾抗战、空军抗战、海军抗战等鲜为人知的抗战史料呈现在读者面前。不难看出策划者把这套丛书作为精品工程精心来打造的良苦用心。

2014年7月7日，习近平总书记在纪念全民族抗战爆发77周年仪式上指出，历史是最好的教科书，也是最好的清醒剂。中国人民对战争带来的苦难有着刻骨铭心的记忆，对和平有着孜孜不倦的追求。中国的抗日战场，是世界反法西斯战争的东方主战场，中国抗日战争的胜利，为世界反法西斯战争作出了积极贡献。中国抗日战争的胜利，是中国近代以来第一次取得的反对外来侵略的彻底胜利，一雪百年屈辱历史，它是中华民族由衰败走向振兴的重大转折。

实现民族复兴的中国梦，是每一位中华儿女共同的历史使命。中华民族的伟大复兴、美丽中国梦的实现，许多道理需要让历史告诉未来。中国人民会铭记这段历史，以史为鉴，时刻保持清醒头脑，警惕日本军国主义的死灰复燃，牢记"落后就要挨打，就要受人欺负"的教训，紧密地团结在以习近平为总书记的党中央周围，发奋图强，努力学习和工作，把我们的国家建设得日益繁荣富强，为早日实现中华民族伟大复兴的中国梦而努力奋斗。

中央档案馆原馆长
中国档案学会原理事长
中国抗日战争史学会原副秘书长　王明哲
2015年5月

▶ 第一版序

    抗日战争，这是个历史性和现实性都很强的话题。

    说它具有很强的历史性，那是因为，这场战争的爆发距今毕竟已有62年。时至今日，战争的硝烟早已散尽，在和平共处五项原则的基础上，中日两国正面向未来，致力于建设和平与发展的友好合作伙伴关系。至于有关反映抗日战争的文章和书籍，60多年来则更是难计其数。

    说它具有很强的现实性，则是由于：其一，抗日战争毕竟是自1840年鸦片战争以来，帝国主义列强发动的历次侵华战争中最残酷的一场战争，也是中国人民反抗外来侵略最坚决并最终取得全面胜利的一场战争。这场惨绝人寰的侵略战争造成了3500万中国人的伤亡，造成了1000亿美元的直接财产损失，使千百万中国人流离失所。这么一场空前的民族大灾难，无论如何不应该也无法从人们的记忆中抹去。其二，抗日战争虽然早已结束，但它给我们留下许多血的教训：得道多助、失道寡助。尽管有一时的强弱之别，然而玩火者必自焚，正义终将战胜邪恶；贫穷、落后就要挨打，就会受人欺辱，只有国家富足强盛，才能人民安居乐业……所有这些，都将犹如警钟长鸣，时时警示着世人。其三，人总是要有点精神的。中华儿女在这场民族灾难中所表现出来的浴血奋战、不怕牺牲的抗战精神，作为一种极其宝贵的精神财富，无论时间再久远，都将永久地熠熠生辉、光芒四射。在和平的年代里，在社会经济建设中，我们仍然需要弘扬这种宝贵的民族精神。其四，随着时间的推移，抗日战争渐渐成为历史，年青的一代只能从历史书籍、从教科书中去了解这场战争的真相了。也正因为如此，在日本，总有那么一些人不时地挑起事端，他们或在教科书问题上大做文章，或在日军侵华史实上黑白颠倒，企图篡改历史，误导后人。历史霎时间似乎成了一个任人打扮的小女孩。为此，要不要把这场战争的本来面貌告诉世人特别是年青的一代，显然成了摆在每一个史学工作者面前的现实问题。

有鉴于此，中国民主法制出版社约请了长期从事抗日战争问题研究、占有大量客观资料的专家学者，历时数载，撰写了这套"历史不能忘记"丛书。丛书本着对历史负责，对后人负责的态度，严格尊重史实，凭借事实说话，分《以史为鉴　面向未来》《九一八事变》《七七卢沟桥事变》《八一三淞沪会战》《平型关战役》《台儿庄战役》《南京大屠杀》《百团大战》《日军细菌战》《中国空军抗战》《中国海军抗战》《中国抗日远征军》

《抗日英烈民族魂》《华侨支援祖国抗战纪实》《国际友人与抗日战争》《华北抗日》《华东抗日》《华南抗日》《抗战中的延安》共 19 个分册，全方位多角度、系统客观地披露和介绍了抗日战争的爆发背景以及发动经过、侵华日军在战争中所犯下的滔天罪行、中国军民抗击侵略者的著名战役、献身于抗战的民族英烈等。其中，一些材料和观点尚属首次公开发表。

　　日本的一位首相曾经说过："我们无论怎样健忘，也不能忘记历史。我们可以学习历史，但不能改变历史。"作为一种民族灾难，抗日战争过后的今天，无论是挑起这场战争的加害国还是遭受侵略的被害国，惟有正视史实，以史为鉴，才能更好地面向未来，防止悲剧再度发生。而再现历史真相又是问题的逻辑前提。我想，这恐怕正是撰写和出版这套丛书的目的所在吧。

　　作为抗日战争的亲身经历者，我愿意把这套丛书推荐给需要了解和应当了解这段历史的人们。

1999 年 4 月 4 日

▶ 前　言

　　华北抗战，可以写成一本洋洋数十万言的鸿篇巨著，因它所涵盖的内容之多、区域之广是众所周知的。但作为"历史不能忘记"丛书中的一本，必须和其他书配套而照应，这是需要首先加以说明的。不然读者看过这本书，可能会产生许多疑问，内容十分丰富的华北抗战，怎么写成了这般模样？这套丛书分册叙写抗战的具体战役或事件，例如九一八事变、中国远征军、淞沪抗战、台儿庄之战、细菌战等。而且按该书的体例要求，每册书只能写 13 万—15 万字。华北抗战这本书，既要写正面战场国民党军队中爱国官兵们参加抗战的战役和事件，如冯玉祥、方振武、吉鸿昌领导的张家口察哈尔抗日同盟军、著名的长城抗战等；又要写华北敌后抗日根据地中国共产党领导的八路军及其广大人民群众的抗战。需要特别指出的是，七七卢沟桥抗战、著名的百团大战、令日军闻风丧胆的平型关大捷等，这些华北抗战的精华，在本丛书中都有专门的小册子来反映，读者若有兴趣，可以专门去阅读这些小册子。这就是本书中本应浓笔重彩描述的重要内容而有意省略的原因，在此特作说明。

▶ 目 录

共赴国难的长城抗战

　　长城，中华民族的象征，中国人民团结的丰碑。20 世纪 30 年代，继九一八事变、占领东三省之后，日军又把矛头转向华北，企图越过长城发动更大规模的侵华战争。中国军队以横亘在中国北部绵延起伏的长城为防线，进行了一场规模浩大的长城抗战。雄壮嘹亮的《义勇军进行曲》就是最终在长城抗战的烽火中诞生的。"起来！不愿做奴隶的人们，把我们的血肉筑成我们新的长城！"中国人民不畏强敌，浴血奋战，进行了英勇不屈的斗争，用血肉之躯筑起一道反对日本帝国主义的钢铁长城。长城抗战是全民抗战前夕共赴国难的前奏，充分体现了中国军队抗日决心和战斗力。现在，就让我们来看看长城抗战悲壮的一幕吧。

◎ 战前势态

　　长城抗战从 1933 年 3 月 5 日开始，到 5 月 25 日结束，前后历时 82 天，是抗日战争中的重大战役之一，在整个抗战史上，占有重要的历史地位。

　　1931 年九一八事变后，侵华日军步步进逼，向南推进。东西横卧于中国北部土地上的古代长城，以及长城各关口严密把守的中国军队，就成为日军南下的一道屏障。日军为突破长城，蓄谋已久，做了充分的准备，投入了大批训练有素的军队，使用飞机、坦克等先进的武器装备。另外其在交通运输、通讯设备和组织指挥等各个方面都大大优越于中国军队。

日军觊觎长城沿线，准备大举进犯的动向，引起了中国方面的高度重视。在这国难当头之时，国民党内各派军事力量，捐弃前嫌，联合开赴长城前线，参战的部队多达八个军团，近四十个师，总数在35万人以上。

▲1933 年 1 月 1 日，日军在山海关寻衅进攻中国守军，东北军独立第 9 旅 626 团奋起反击，揭开了长城抗战的序幕。

从东北退入华北的数万义勇军，也再次加入到对日作战的行列之中。张学良在全国人民救亡图存的呼声中，决心保卫热河，保卫长城，并命令他的东北军全部参加长城抗战，这是东北军建军以来首次以全军的力量与日军作战。西北军宋哲元部，原来是 1930 年冯玉祥对蒋介石作战失败后保留下来的一支劲旅，这时也参加了长城抗战。远在塞北的傅作义，激于爱

国热情，在绥远向所部全体官兵进行抗日动员，响亮地提出
"宁作战死鬼，不做亡国奴"的口号，还规定部队早晚点名时
高呼"誓保国土，以尽职责，不惜牺牲，以雪国耻"；并在长
城抗战前夕，发表告民众书，主动请缨，开赴长城前线，抵抗
侵略者，杀敌报国。参加长城抗战的还有商震部。

　　虽然日军装备精良，但中国军队的广大官兵在共御外侮的
长城抗战中，表现出了极为高涨的爱国热情，决心在东起长城
的山海关、秦皇岛，西至多伦、沽源，蜿蜒曲折的长城沿线的
辽阔战场上，准备与日军作一死战。两军对垒，以长城为中心
的长城抗战的画卷由此展开。

◎ 冷口、界岭口之战

　　长城之战，开始于 1933 年 3 月 5 日的冷口争夺战。

　　1933 年 3 月 3 日，日军第 8 师团在相继占领平泉、凌源
后，急速向冷口方面进犯，在高家店附近追上了中国军队退却
中的万福麟部孙德荃师。孙部不支，向冷口关内撤退，日军乘
中国军队溃乱之机，一举突破冷口长城要塞，第 14 旅团米山
先遣队于 3 月 4 日午夜零时二十分占领了冷口。日军第 14 旅
团的鳀江支队，于 3 月 4 日晨从北纸章子营出发，向界岭口进
击，6 日上午占领了界岭口附近一带阵地。第 14 旅团主力也在
5 日进至茶棚。

　　在战情十分危机之时，北平军分会下令第二军团商震部
和第三军团宋哲元部向冷口、喜峰口增援，堵击日军的南进。
3 月 4 日宋哲元部旅长何基沣率骑兵两个营进抵冷口附近。

　　此时，喜峰口一带也受到日军攻势的威胁，出现了十分危
险的局面。于是，中国第三军团第二十九军也奉命以喜峰口、

▲冷口

罗文峪一带为作战方向。冷口方面的作战，由第二军团第三十
二军商震部担任。

3月7日中午，北平军分会向商震、何柱国发出收复冷口
命令。当天，第三十二军第139师黄光华部即到建昌营附近，
乘侵占冷口之敌立足未稳之时，于傍晚时分发动勇猛的进攻，
给日军以沉痛打击，并将冷口收复。然后对部队重新进行了部
署，加强长城一线的防务。

3月13日，日军再次向冷口、喜峰口发动进攻。3月14
日，日军第6师团从赤峰出发，经平泉、凌源向冷口进发。其
步兵旅在肖家营子及其东南高地向冷口发起进攻，并以坦克向
守军第139师715团猛攻。中国军队奋力反击，商震亲赴前线
督战，第139师补充团也全部投入战斗。经23—25日连续三
天激战，日军也未攻下我冷口阵地。因我军凭借地理优势，构
筑坚固的防御工事，再加上抗战决心，最终敌军对冷口的第二
次攻势被击退。

　　我们再看看界岭口、义院口之地的战况。日军第 10 师团第 33 旅团及少量伪军向长城进逼，我第四军团第 116 师受敌威胁，于 3 月 5 日向界岭口内撤退。第 33 旅团进至界岭口下，并以另一部进至义院口，我第 116 师于 10 日退至抬头营，并占领义院口、界岭口、青山口之线。

　　3 月 11 日，界岭口第一次战斗打响，敌以第 10 联队主力和第 63 联队一部为左翼，对界岭口以东进行佯攻，主要是配合右翼进攻；以第 40 联队主力和第 39 联队一部为右翼，攻击界岭口以西阵地，被中国守军击退。

　　16 日晨，敌军发起了更大的进攻，很快占领了界岭口以北，西起罗汉洞，东止别水牛一线。担任守卫此口的第五十七军 958 团与第 116 师之间的联络被切断。当晚 12 时，敌军从罗汉洞方向突破守军阵地，界岭口失守。658 团主力三个营退守马坊、王家黑石一线。敌进至郭家长，石家沟一带。

　　17 日凌晨，中国军队发起反击，马上收复了箭杆岭，并从龙泉寺、王家黑石向界岭口左右两侧阵地进攻。11 时收复界岭口及其附近阵地。

　　18 日至 20 日，两军在界岭口、柳树沟、箭杆岭一带反复展开争夺战，战斗异常激烈、艰苦，尽管中国军队伤亡较大，但阵地一直在其手中。21 日以后，双方形成对峙状态。

　　在界岭口激战之时，义院口的战斗也在进行。义院口在界岭口东北、石门寨以西的长城线上，是冀热辽边界上的一个军事要地。第 116 师的一个团在此防守，归第五十七军军长何柱国指挥。3 月 15 日，日军第 10 联队 200 余人进行偷袭，占领了义院口，但立即又被中国军队夺回。21 日，义院口附近阵地被日军占领，义院口守军孤立无援，遂放弃阵地，转移主力，义院口被敌军占领。

3月24日5时，日军以第39联队主力为右翼，以第10联队和第63联队主力为中路，以第40联队主力为左翼，并调动航空兵和炮兵，大举向界岭口罗汉洞以右阵地进攻。中国守军第116师伤亡惨重，撤到陈庄、郭家长、落轮峪等处。9时左右，郭家长、蔡家沟又被敌占领。25日，敌军曾一度攻占界岭口，当夜中国军队又进行反攻，夺回了阵地。敌我双方在界岭口附近，打打停停，一直持续到4月中旬。4月10日，日军向冷口和界岭口同时发动猛烈进攻。晨5时许，敌先向第645团阵地和龙泉寺进攻，被中国军队击退。10时许，敌再次进攻，在箭杆岭、双庙一带遭截击，经过一番激战后被击退。11日、12日两日，敌军多次向守卫界岭口的第116师发动进攻，虽然中国将士顽强拼搏，但终因几日苦战，寡不敌众而后撤，界岭口陷落。

◎ 喜峰口、罗文峪的战斗

喜峰口是长城上的一个重要关口，是北平与热河东部的交通孔道，扼冀察之咽喉，是拱卫北平东北的屏障。在喜峰口的西边有罗文峪、马兰关等几座关隘。3月初，日军从凌源、平泉一线南下，企图夺取这些关口，进入华北。

3月5日凌晨，日混成第14旅团主力向喜峰口急进。3月9日下午1时，松尾野先遣队进到喜峰口关门东北面，立即组织对喜峰口关门附近阵地的进攻。该旅的第26联队也赶来增援，喜峰口战斗打响。

喜峰口原是中国第四军团万福麟部所守，因长时间作战需要休整，3月9日中午，第二十九军奉命前来接防。下午，日军步骑联合部队和伪军一部，乘中国两军交接阵地之机，向喜峰口前哨据点孟子岭发起猛攻，第二十九军第 37 师特务营和王长海团先后赶到喜峰口投入战斗。傍晚时分，日军占领了孟子岭阵地。

▲日军在长城喜峰口遭到中国守军的迎头痛击

3 月 9 日夜，109 旅旅长赵登禹派两个营到潘家口外袭击日军。紧接着于 10 日凌晨 3 时又乘黑夜出击敌阵。一个营占领白台子，断敌归路，烧毁敌行李车数十辆，歼敌 300 余人。另一个营攻占蔡家峪，后向喜峰口北面的高地猛攻。这次夜袭，共歼敌 500 余人，缴获机枪 10 余挺，但中方也有百余人伤亡。

宋哲元在第二十九军总指挥部获悉前方战况紧张时，又派三个旅增援。日军也调来第 13 旅团参加战斗，双方呈对峙状态。

3 月 10 日上午 6 时，日军 3000 余人在炮火的掩护下，向喜峰口两侧阵地猛攻。增援的赵登禹、王治邦、佟泽光三个旅直插喜峰口，截击敌人。敌军占据了喜峰口附近的老婆山，中国军队占领拉儿山，敌军向中方阵地炮击了三小时之后，步兵蜂拥而上。中国军队乘敌炮火暂时中止的间隙，冲出阵地，击退了来犯之敌。敌我两军在喜峰口附近激战整整一天，几处高地，得而复失，失而复得，来回拉锯，杀声震天。

3月11日，喜峰口的战斗仍在进行。上午7时，敌向中方喜峰口西侧阵地发起进攻，一直战斗到下午3时。敌人八个小时的攻击，使中国军队伤亡严重，阵地丢失。赵登禹认为高地失守，对部队作战不利，下午4时下令219团拼力反攻。肉搏近两个小时，歼敌三四百名，又将阵地夺回，中国军队也伤亡300余人。

11日夜，喜峰口附近的铁门关、潘家口的战斗也在激烈进行。第二十九军副军长秦德纯、第37师师长冯治安、第38师师长张自忠和旅长何基沣参与指挥战斗，他们利用夜战、近战的战术，共歼敌1500人，给骄狂的日军以沉重的打击。后又经过几日战斗，敌军攻势受挫，士气大减。以喜峰口为主阵地的保卫战，自3月9日至15日，相继经过七昼夜的激烈战斗，我军虽有一些伤亡，但仍然坚守阵地。此后，战事的重心由喜峰口移到罗文峪方面去了。

罗文峪在喜峰口偏西南约55公里的长城线上，也是一个重要的隘口，如让日军占领将威胁喜峰口我守军阵地，所以，我军派刘汝明师布防在此。日军窥测到此点，从第8师团抽调早川止第31联队、第8联队长濑谷义一两部及骑兵一连，联合伪军两个旅，向罗文峪进击。

3月15日，敌与我第2师前哨部队发生激战。16日晨，敌先头部队骑兵，向罗文峪正面发动进攻，企图先将该地最险要的三岔口占领。我军刘汝明部派出一部主力绕道黄崖口，截击敌军。我第37师219团也前来罗文峪方面参战。中国军队以长城为依托，坚守关隘阵地，敌军虽以猛烈的炮火轰击，仍不能攻取。

▲热河沦陷后，中国军队第十七军、二十九军、三十二军、五十三军等展开长城抗战。图为在罗文峪布防的中国军队。

17 日，日军步、骑、炮兵联合部队三四千人，向罗文峪一带发动了疯狂的进攻。上午 10 时，我前线一个营的兵力大部牺牲。下午我军增援反击，先后将敌两道防线突破。晚 7 时，敌军被我击退。

18 日，日军再次向罗文峪发动进攻。刘汝明师长亲率 1 团手枪队应战。1 旅旅长李金田率 2 团向三岔口西北部敌军阵地先后进行三次冲击。团长李曾志腿部负伤，还坚持在火线指挥。祁光远团也投入战斗，双方血战五小时，击退敌军十三次进攻，歼敌 500 余人，王和春营大部战死，仅有 70 余人生还，王营长也为国捐躯。

18 日晚，正面部队全线出击，对敌军形成前后夹击之势，血战了整整一夜，将来犯之敌全部击退，中国军队取得罗文峪之战大捷。

◎ 古北口、南天门与兴隆之战

古北口位于北平东北方向，是承德去北平必经的长城上的一个重要关口，东西两侧为崇山峻岭，形势极为险要，早已在日军攻击目标之列。

日军第 80 师团所部组织力量，企图一举占领古北口。3 月 7 日，北平军分会代理委员长张学良命令第六十七军王以哲部迅速组织古北口阻击战。第 107 师为掩护后方各部队向古北口增援，在口外青石梁一带与敌激战数昼夜，直到 3 月 9 日午后，才在敌人猛攻下向口内撤退。

为了加强长城防线，保卫平津、华北，蒋介石、何应钦先后从江西、河南等地调集了 4 万多部队增援古北口。

日军在青石梁受阻后，第 80 师团长西义一恼羞成怒，亲赴古北口前方督战，命令不惜一切代价夺下古北口附近的主要关口。从 3 月 9 日至 11 日，中国第 107 师、第 112 师先后丢失阵地，古北口正面长城之第一道防线被突破。第 25 师随即在古北口南城东西两侧高地，布置起了第二道防线。

▲古北口第 25 师迫击炮阵地

日军占领古北口关口后，遂向关城南猛攻，并以主力向第25师右翼阵地实行包围。师长关麟征命73旅旅长杜聿明指挥南城正面的战斗，他亲率师部特务连赶赴右翼阵地，指挥75旅主力实行反击。他在途中遭到日军潜伏哨阻击，被手榴弹炸伤，但仍然指挥全连官兵与敌战斗。后杜聿明以副师长代理受伤的关麟征师长之职，带领第25师与敌人战斗，始终固守住了我军阵地。

12日上午，日军发动全面进攻，主力部队直指中国第25师145团阵地，并以大部兵力向右翼延伸包围进攻，战况空前激烈，第25师连续三次击退敌人进攻。

午后，师部的通信线路被日军炮火炸断，指挥部也被敌人机枪封锁，情况万分危急。杜聿明突破重围，从古北口东关转移到口南高地预备阵地，不久该阵地被敌从中间突破。下午3时，全师两个旅的阵地相继被敌占领，古北口全部沦落敌手。

中国军队被迫撤至古北口以南高地及西南的南天门阵地。另外，河西镇被敌105团占领。傍晚杜聿明在南天门设立师指挥所，仍然带领全师官兵顽强地阻击敌兵。晚上，从南方调来参战的中央军第十七军军长徐庭瑶，下令调已开进密云石匣镇的第2师，星夜向南天门挺进，接替第25师。

古北口保卫战，激战三昼夜，第25师仅以四个步兵团的兵力，独当数倍于中国军队且具有优势装备的日军，伤亡极大。师长负伤，团长阵亡1人，负伤1人，营长伤6人，连排长死伤四分之三，士兵伤亡五分之三。中国军队共伤亡4000余人，但日军在此也遇到了中国军队的顽强抗击，伤亡不下2000人，日军认为这是"激战中的激战"。

古北口于3月12日失守后，南天门成为日军进入北京的最后屏障。为了加强这一地区的防御，北平军分区重新调整了作战系统，布置重兵把守。

中国军队在此防守的有步兵两个师，骑兵一个师，炮兵一个团，由第六十七军军长王以哲指挥。

3月18日，军委会发布命令，以第十七、六十七、二十六军合编为第八军团，由杨杰任总指挥，担任顺义、平谷、东庄一线以西，顺义、昌平、南口一线以东地区的作战，以及延庆、赤城东面长城各口的警戒任务。4月20日后，军团总指挥之职由徐庭瑶接替。

▲长城抗日第十七军将领合影，前排左起黄杰、徐庭瑶、杜聿明，后排左起刘嘉树、郑洞国、邱清泉。

4月18日，关东军司令官通知第8师团长要不惜采取一切手段，对古北口以南地区进行攻击，并重点进攻南天门。

防守南天门的是以黄杰为师长的中央军第2师，阵地正面宽约5公里，中间以四二一高地为据点。

4月20日深夜，日军开始向南天门发起进攻。21日晨，日军集中20余门火炮向中方阵地碉楼集中射击，并配以步兵千余人发动进攻。中央军第2师11团奋力抵抗，中午，中方阵地东端的两座碉楼被敌炮火摧毁。下午，4 旅旅长郑洞国率领两个团猛攻敌军阵地，双方争夺激烈，阵地得而复失多次。

4 月 22 日下午 7 时，敌增援部队向中国军队左后方黑龙洞迂回。中方阵地坚守的两座碉楼受敌方炮击，守军死伤严重，后被迫撤退，我方阵地丧失。

4 月 23 日晨，敌陆军在航空兵的配合下，向四二一高地进攻。中国守军奋力抗击，连续四次打退敌人的进攻。24 日、25 日两日，双方连续激战。26 日，中央军第 83 师前来接防。同时，关东军司令部调步兵第 4 旅团投入战场，并命令航空兵主力协助攻击南天门。日军的第 6 师团的两个步兵大队也被调来参战。敌军从拂晓至傍晚以火炮不断轰击，同时还以步兵猛攻，中方阵地被敌方摧毁。

南天门的正面，从 21 日起也不断受到攻击。24 日下午，日军的一个联队在飞机及坦克的掩护下，再次发动猛攻。中央军第 2 师 11 团与敌展开白刃战，伤亡惨重，7 团前来增援，才将敌军击退，但伤亡 300 余人。25 日上午，敌我双方再次展开激战，到这时第 2 师已连续苦战了五昼夜，伤亡极大。为此，26 日拂晓前，第 83 师来接替第 2 师，担起了防守南天门的重任。

28 日，日军增援兵力 6000 人，并以 40 余门大炮的火力集中向南天门附近的三七二高地射击，同时以坦克掩护骑兵向左右两侧运动。第 83 师 497 团及补充团虽拼死抗击，但敌攻击猛烈，三七二及四二五高地的工事被完全摧毁。中国军队撤至南天门以南阵地，南天门失守。

此次南天门之战，双方共血战八昼夜，为长城作战以来从未有过的激战，敌我双方均受到重大损失：敌人伤亡 5000 余人，中央军第 2 师及第 83 师官兵伤亡 3000 余人。

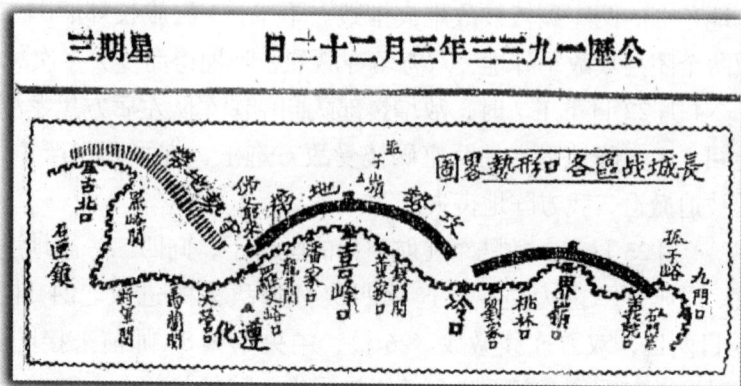

▲《华北日报》1933 年 3 月 22 日第三版刊登了长城战区各口形势
略图

　　兴隆县位于河北遵化、滦东和天津蓟县以及北京密云县的
交界处，它北通承德，南越长城可达蓟县，东到喜峰口，西至
密云，地理位置十分重要。因此，日军为配合古北口、南天
门、喜峰口战斗，决定进占兴隆。

　　进攻兴隆的日军，是第 31 联队第三大队，还有部分伪军，
共 3000 余人。4 月 20 日，日伪军击退了第八军团骑兵第 5 师
一部后，于 21 日占领了兴隆，并立即在兴隆镇北的兴隆山筑
工事固守。

　　第八军团为保障南天门、龙井关侧背的安全起见，派第 26
军萧之楚部收复兴隆。26 日，该军在蓟县军部发出进攻命令，
由骑兵第 5 师、独立第 4 旅、132 旅等部担任进攻主力。

　　4 月 27 日上午 9 时，中国军队攻入兴隆镇，将敌残部包围
于兴隆县署内和兴隆山上，并以迫击炮猛烈轰击日军，强令敌
军投降缴械。

　　就在兴隆之敌如瓮中之鳖，行将被捉之时，南京和北平
的军政当局开始了与日本的停战议和交涉。日军提出先将兴

隆的日军予以解围。5 月 1 日，何应钦电令萧之楚撤回围攻兴隆的中国部队，兴隆之战遂告结束。本是中国军队取胜的兴隆战斗，却以蒋介石、何应钦之流的苟且偷安、卑鄙求和而结束，这是赤裸裸地出卖民族利益的行为。

◎ 滦河东西与平北之战

日军虽逐步占领了长城的几个重要关口，但遭到了中国军队顽强的抵抗，受到了巨大的损失，于是日军也收敛了攻势，到 3 月下旬，长城一线呈现出对峙状态。这时，如果南京和北平的军事当局决心抗战，抓住这一有利战机，增强作战力量，果断地实行主动进攻的作战方针，则完全有可能在后来的作战中扭转战局，变被动的防御为主动进攻，取得长城抗战的胜利。但蒋介石、何应钦只采取消极防守，将原有的军队从滦河东西地区，经平北到西面的沽源、多伦长城一线进行了部署，把有限的兵力布置在较长的长城沿线去分兵把守、分区防御，导致日军可以各个击破。

滦河东西地区指的是河北省东北部的卢龙、迁安、抚宁、都山、昌黎、滦县、乐亭、临榆、遵化、兴隆、玉田、丰润等十二个县所在区域。这里北依群山，南临渤海，为关内外的通道，平津东北面的屏障。

日军在进攻古北口、喜峰口等关隘得手之后，遂决定转移兵力，将攻击重点移向滦河东西地区。

日军首先在石门寨揭开战幕。3 月 29 日，敌步骑混合部队 400 人占领浅水营以北一带高地后，向石门寨阵地猛攻。又集结兵力于九门口一带，31 日拂晓，以千余兵力三路并进，猛攻沙河寨。中国守军伤亡很大，随退往石门寨，沙河寨被敌占领。

4月1日，日军又向石门寨阵地发起总攻。日伪军7000余名，在30门大炮、6辆战车的掩护下，向中方阵地进攻，直战到黄昏，石门寨陷落。

何应钦着急了，4月2日致电何柱国："应令石门寨守兵，极力抵抗，不得已时，亦须保守平山营、海阳镇、秦皇岛之线，节节抵抗。"何柱国与前线指挥商定，第五十七军以骑兵第3师占领王家岭—大旺庄—李庄之线，625团一个营守备秦皇岛，644团、627团、643团坚守由凤凰店以西田家沟、苇子峪、大小深港、甘庄至黑嘴子一线阵地。

日伪军又组织8000余人，向中方阵地进攻。4月3日上午，日伪军先头部队五六百人向中国骑兵右翼阵地攻击；下午又向骑兵左翼李庄猛攻。一直战至黄昏，中国守军后退。

4月4日晨，敌军2000余人迂回袭击海阳镇。中国守军激战后退到镇西阵地，海阳镇陷入敌手。

上午9时，中国军队发动反击，经过一番血战，于11时40分又夺回海阳镇。晚上敌增援后再次进攻，至晚上11时，又占领了海阳镇。

4月7日凌晨5时许，第五十七军主力开始全线发动反攻，在炮火的掩护下，由两个团先冲入海阳镇，战至7时，将该镇收复。随后海阳镇附近的几个阵地也被中国军队收回。这是滦东战役中中国军队的一个重大胜利。

汤河前线反攻取得了胜利，但冷口方面的战况却不理想。

日军第8师团协助第6师团第36旅团攻击冷口，调第14旅团和第13旅团向冷口两侧关门进击。

4月9日上午，敌军分兵三路向六拔子中方阵地进犯，中午在萧家营子正面展开激战。10日，敌军攻占白梨山、樱桃园，中国军队撤至兴城线上。午后，敌发起总攻，重点是白羊峪与冷口之间的燕窝口地带。中国军队速派第139师和第84师增援，但当晚敌军攻势猛烈，燕窝口阵地终告失陷。日军第11旅团在傍晚也夺占了白羊峪附近的长城一线，第36旅团同时也占领了冷口关门的一带长城线。

11日，中国军队又调遣部队增援，以挽救战局。这时日军也增加兵力，中国守军虽喋血拼战，终未能扭转战局，三个团的兵力伤亡非常惨重。战至上午7时，冷口岌岌可危了。在坚守无望的情况下，为考虑尽量减少不必要的牺牲，中国军队于上午9时下令撤退，冷口陷落。敌军跟踪进击，4月13日，迁安城失陷。

冷口失守后，4月15日，中国军队开始从不同的阵地相继向滦河西转移。

日军步步入侵，一路南下，英国政府担心危及这一地区的英方利益，向日本政府提出了严重的抗议。迫于国际舆论，日军也收敛了攻势，从滦东撤兵。大部退至长城各口附近一带，这一地区暂时恢复了平静。

4月24日何应钦电令商震的第三十二军，"速由滦河地区，向平谷、三河、通州一带转进，集结待命"，准备于平北地区作战。北平北部的密云、怀柔等地，是北平的外围屏障。敌军第8师团调集援兵，补充弹药后，于5月10日首先向新开岭、石匣镇、密云展开攻势。中国第83师奉命进行阻止，经守军沉着应战将敌击溃。

5月11日晨，日军又向双山村、小桃源、笔架山等阵地进攻，中方官兵伤亡殆尽，阵地也相继失守。第83师的三个团，伤亡达四分之一以上。中午，第2师接替第83师，继续担任阻击日军的任务。到12日第2师伤亡官兵2000余名，日军攻势不减，新开岭阵地遂告失陷。

5 月 12 日午后，日军又向南香峪阵地发动猛攻。第 2 师炮团被敌人的大炮及坦克轰击，战炮大部被毁。

13 日中午，敌军进至石匣镇南三里。第 25 师在石匣镇与敌展开激战。下午 4 时，敌军冲入石匣，守城部队与之肉搏战，伤亡惨重，晚上石匣镇陷入敌手。

> **敵機轟炸**
> **密雲石匣**
>
> 〔開間駐云〕北平市人民自衛指導委員會宣導隊第一二三分隊、自日前在城內宣傳、並張貼標幟及告士兵民衆書、該地駐軍爲徐□瑞
>
> 平、燕議密雲雲情形如下、本隊第三分隊十二百到密雲後、即分兩組分別出發溪東喜峯口古北口各橋工作、該隊總隊長梁振海時中江寢度
>
> 部、紀律甚佳、尤能與民衆合作、人民對於防空方面十分注意、察地洞、本隊並予以實地之指導、十四日晨七時、日機至密雲投彈六枚而去、該隊即率車赴石匣鎮、石
>
> 匣鎮距古北口僅約三十餘里、每日必遭敵機之轟擊、民衆需要防空甚殷該隊密予起見、故本隊到後、自動前往間防空術者甚衆當□一詳加指導、余等即赴當地駐軍□師部、當承口師軍要長官
>
> 接見、告前方戰況頗詳、陣地之堅固、軍心之激昂、更予吾等以無火之安慰現本隊已分頭組出發石匣各鄉實地宣傳云、又該隊第一分隊現已到達密縣、因該縣民衆逃亡者甚衆、該隊爲調處該衆起見、分別在車站及偽密雲□碍衛演、永須得相衆之懽迎云、

▲密云战役战况报导

5月15日，何应钦指示第三、第八军团分别撤至既设阵地。傅作义军开到怀柔，构筑怀柔至牛栏山一带的防御工事。商震军在黄崖关、将军关等关口警戒。

第十七军的第83师、第2师、第25师经过连日作战，伤亡达4000余人，武器也大部损坏，已难以再战下去，北平军分区下令调第二十六军萧之楚部接替第十七军的作战任务，然后该军进入了九松山阵地。九松山在密云县城东北约15公里处，居平谷大道的要冲，为密云之屏障。

▲商震

5月16日，敌军四五千人进到石匣，先头部队向九松山等地进攻。军分会为集结兵力保卫北平外围，17日又命令第二十六军以两个团兵力防守九松阵地山。18日午后，日军以3000余人向九松山阵地进行总攻，当夜第二十六军的两个团遵令放弃了九松山阵地。19日，敌军从石匣南下的第8师团主力攻占了密云城。至此，平北一线完全暴露在敌军攻势之下。

为了保卫平津，中国军队重新调整战线。第三十二军在通县—牛栏山一线，第五十七军撤至北平城郊。

中央军第87师与第88师各一旅，第3师一个旅，奉命调北平，编成第十三军，由军长钱大钧指挥。

5月21日，侵入北平外围三河、宝坻、密云的日军，又分别进占了香河，逼近了通县、牛栏山一线，北平外围已陷入敌军包围之中，形势十分危险。北平军分会召开各军将领会议商量对策，任命徐庭瑶兼北平城防司令，军政首脑机关准备撤出北平。为保卫北平的北大门，何应钦于 5 月中旬命第五十九军傅作义部挺进怀柔，阻止南下的日军。怀柔北靠开阔地带，无险可守，傅作义视察地形后，命令各部队在怀柔西北高地石长、高各庄、齐家庄一线，立即修筑防御阵地，严阵以待。

5 月 21 日，日军先头部队向傅作义部队的前哨警戒部队发动进攻，并用飞机轰炸。第五十九军沉着应战，使日军企图并未得逞。

5 月 23 日晨，日军主力部队赶到，敌西蒙义一师团长亲自指挥，以炮 30 余门，坦克 10 余辆和飞机 15 架掩护步骑部队蜂拥而至，向我守军阵地发起猛攻。傅作义沉着指挥，步兵、炮兵协同作战，等到日军迫近时，第五十九军将士跳出战壕，同日军展开白刃肉搏，使敌人的重武器失去了效用。经过了近三个小时的激战，第五十九军的阵地岿然不动，敌人未能越雷池一步。

另一部分日军主力则迂回到中方阵地后方袭击。中国军队与日军的一场恶战在牛栏山下展开。敌人攻势虽猛，可是傅作义部将士抱定"有敌无我，有我无敌"的牺牲精神和必胜信念迎击，傅作义又及时调上预备队增援，形成包围与反包围的态势，直杀到夕阳西下，敌人被击败，在暮色中仓皇遁去。

5 月 23 日这一天，从凌晨 4 时至下午 7 时，中国军队连续与敌人血战十五个小时，仍然斗志不减，阵地固若金汤。但北平城内的中国当局代表黄郛，已接受了日方代表的城下之盟，和日方停战，此时何应钦向傅作义又下达了停战命令，傅作义很不情愿地下令停火，午夜，第五十九军将士开始撤离阵地。

怀柔之战，日军遭到重大伤亡。据当时的日本报纸称，日军死 246 人，伤 500 余人。傅作义在长城线上怀柔抗日的捷报传出后，天津《大公报》等国内各报纸纷纷以显著位置和大标题刊出："以血肉当敌利器，傅部空前大牺牲""沙场战士血，死也重泰山""最有力最光荣之一战"等，报道了傅作义部的抗日战况，赞扬了抗日将士英勇的牺牲精神。连日本报纸也对傅作义部勇敢善战表示惊叹。《朝日新闻》曾载文称："战地离北平城只有60多华里，如不是傅作义军的精锐部队阻击我军，日军早已进入北平城了。"

从5月24日起，抗日救国后援会和陕西、绥远等地先后派代表团，携带大批慰劳品到前线慰问，赠送了"保卫疆土""气壮山河"等锦旗，给傅作义等部抗日将士很大鼓舞。傅作义将军率部参加长城抗战的怀柔战役，能以血肉拼死精神，狠狠打击敌人的嚣张气焰，特别是在停战协议签字之前，一战而寒敌胆，予敌寇以重创，保卫了北平，充分表现了伟大的中华民族精神之不可侮。平古大道最后光荣之一战，为抗日史上增添了光辉的一页。怀柔之战的结束，宣告长城抗战的最后终结。

▲京津妇女慰问团慰问长城抗战将士

　　长城抗战，是九一八事变后中国军队在华北所进行的第一次较大规模的抗击日本侵略者的战役。在这次战役中，广大爱国官兵冲破国民党政府的重重阻力，进行了近三个月的战斗，给骄横一时的日军以沉重的打击，自己也作出了重大牺牲。据第十七、第二十九、第三十二、第五十三、第六十七军五个军的统计，伤亡就达 18325 人。[①] 长城抗战的事实再一次说明，中华民族是伟大的民族，她有抵御外来侵略的光荣传统。在民族危机日益严重的紧要关头，广大人民群众、爱国官兵，为了国家和民族的生存，不惜抛头颅，洒热血，英勇顽强地打击日本侵略者，为保卫国家、民族利益，反抗日本侵略作出了贡献。

---

　　① 转自军事科学院军事历史研究部著：《中国抗日战争史》（上卷），解放军出版社出版 1991 年版，第 267 页。

一二·九运动

　　日本侵占东三省后，加紧实施吞并中国的计划。首先制造了华北事变，使华北各省市局势更为险恶，民族危机空前严重；而人祸之上，复加天灾，华北民众在民族危机与经济浩劫的夹攻中，陷入穷困、饥饿、疾病与死亡的绝境。

　　日本帝国主义步步紧逼，南京国民政府节节退让，《秦土协定》《何梅协定》相继签订，"冀察防共自治委员会"在距北平东边不远的通县于11月25日成立，毗邻北平的通县、蓟县、顺义、昌平、怀柔、平谷等22县宣布脱离南京政府"独立"；南京国民政府的"冀察政务委员会"在"华北自治"的口号下也即将成立，华北人民感到沦为亡国奴的危险迫在眉睫，思想敏感且满怀爱国热情的青年学生痛感"华北之大，已经安放不下一张平静的书桌了！"民族危机感燃烧着广大爱国知识青年的心，发誓"要掀起民族自救的巨浪"，以挽救垂危的祖国，拯救处于水深火热中的同胞。于是，在中国共产党北平地下党的组织领导下，一场声势浩大的以"停止内战、一致抗日"为中心口号的抗日救国运动，像火山般爆发了！

　　1935年秋，日本策动华北"自治"达到了顶峰，国民政府继续与日本帝国主义勾勾搭搭，激起了全国人民的公愤。正当人们为民族的存亡忧心忡忡、日夜焦虑的时候，1935年

8月1日，中共驻共产国际代表团根据共产国际第七次代表大会的精神，草拟了《中国苏维埃政府、中国共产党中央为抗日救国告全体同胞书》（即《八一宣言》），10月1日正式以中华苏维埃共和国中央政府和中国共产党中央委员会的名义在法国巴黎出版的《救国报》上发表。宣言号召停止内战，建立抗日民族统一战线，组织国防政府和抗日联军，动员全国的人力、物力、财力，实现对日抗战。宣言指出："我国家我民族已处于千钧一发的生死关头。抗日则生，不抗日则死，抗日救国，已成为每个同胞的神圣天职！"在《八一宣言》精神鼓舞下，一直在北平坚持地下工作的共产党员，冒着坐牢、杀头的危险，秘密地开展抗日救亡宣传活动。

中共北平工委领导下的北平中华民族武装自卫会迅速发展，北平许多大学建立了民族武装自卫会组织，成员多达数百名，他们积极开展抗日救亡活动。当时负责此项工作的是周小舟和杨子英。许多大中学校里，一些爱国进步学生秘密参加了"民族武装自卫会"和"左联""社联""语联"等组织。

在地下党组织的领导下，爱国的学生们公开组织了读书会、时事座谈会、世界语协会、新文字研究会等团体，共同探索拯救祖国的道路和办法，开展各种形式的爱国活动。

经过中共地下党一系列卓有成效的秘密工作和公开工作，广大学生深深感到"国家兴亡，匹夫有责"，决心"担负起天下的兴亡"，"掀起民族自救的巨浪"！中共北平工委彭涛、周小舟以及谷景生等因势利导，积极发动学生开展抗日救国斗争。

中共河北省委坚决支持彭涛等人的意见，同意他们所进行的工作，并将中共北平市工委改为中共北平临时市委，委派省委特派员李常青兼任书记。他同彭涛、周小舟等人，一起积极领导发动了北平学生的抗日救亡运动。

在中国共产党的影响下，1935年11月1日，清华大学等十校学生联名发表《为抗日救国争自由宣言》，愤怒揭露国民政府禁止抗日，残酷镇压抗日力量，继续与日本妥协、出卖民族利益的罪行，要求抗日救国的自由。这一宣言，立即得到北平其他大中学校的支持。

11月18日，中共北平临时市委不失时机地在水灾救济会的基础上，成立了北平市大中学校学生联合会，简称北平学联。彭涛、周小舟、谷景生等为党团成员，彭涛担任党团书记。女一中的郭桂英为总务，清华大学的姚克广（姚依林）为秘书，镜湖中学的孙敬文为总交通，东北大学的邹素寒（邹鲁风）为总纠察，燕京大学的王汝梅（黄华）为总交际。从此，北平有了统一的学生组织，担负起了组织和发动各校学生开展抗日救亡的神圣任务。

在学联的发动下，12月6日，平津十五校联合发出通电，指出"频当民族多难，失地丧权，已至于无可让步之地"，"吾民置身危城，日受熬煎，顾瞻前途，已不能再事容忍"，强烈要求南京政府"誓死反对'防共自治'，请政府即下令讨伐叛逆殷汝耕！""请政府动员全国对敌抵抗！"等。呼吁政府动员抵抗日本的侵略。经过深入发动，北平学联决定于12月9日发动全市学生进行反对华北自治、反对成立冀察政务委员会、反对日本侵略的大请愿。

12月9日，北平各学校的爱国学生6000余人涌上街头，奔向新华门，举行声势浩大的抗日救国游行。他们冲破军警的重重阻挠，向国民政府军政部长何应钦请愿。请愿群众代表向国民政府提出六项要求：

（1）反对华北自治及其类似组织；

▲1935年12月9日为抗议日本帝国主义的侵略，中共北平临时
市委组织爱国学生示威游行。

（2）反对中日间一切秘密交涉，立即公布应付目前危机
的外交政策；

（3）保障人民言论、集会、出版自由；

（4）停止内战，立刻准备对外的自卫战争；

（5）不得任意逮捕人民；

（6）立即释放被捕学生。

这就是著名的一二·九运动。

第二天，北平学联决定各校举行总罢课，市学联发布《宣
传大纲》，明确提出"打倒日本帝国主义""反对危害民族生
存的内战"，要求"一致抗日"；号召"必须联合全国民众，
结成统一革命战线，武装全国民众，来扩大民族解放斗争"，
使一二·九学生运动的宗旨更加明确、主题更突出。

12月16日清晨，北平各校学生从四面八方涌向天桥，举

行了 3 万多人的市民大会。大会通过了组织民众，共同抗敌，誓死反对日本帝国主义侵略中国等决议案，会后举行数万人的示威游行。北平爱国学生的示威游行，立即得到全国各地的广泛响应，掀起了全国抗日救亡的热潮。天津爱国学生 12 月 18 日举行示威游行，19 日实行罢课。上海爱国学生和文化、教育各界以及广大工人、群众，于 12 月 24 日举行全市示威游行。南京、杭州、武汉、广州、开封、济南、太原等城市，爱国学生纷纷举行示威游行、请愿和罢课，支持北平学生的爱国斗争。

▲游行学生同前来镇压的国民党军警搏斗

各地工人在全国总工会的号召下，纷纷举行罢工，抗议国民党对日妥协和镇压抗日运动，支援学生斗争。广州、上海的工人召开大会，发表通电，要求对日宣战。12 月 12 日，上海文化界沈钧儒、马相伯、邹韬奋、章乃器等 300 余人发表《上海文化界救国运动宣言》。27 日，成立上海文化界救国会。

1936 年 1 月 28 日，上海各界救国联合会成立，沈钧儒、章乃器、李公朴、陶行知、邹韬奋、沙千里、王造时、史良等被推选为执行委员，沈钧儒为主席，组成执行委员会，统一领导上海的抗日救亡运动。在此前后，其他爱国人士和爱国团体也纷纷成立各界救国会，发出通电，出版各种救亡刊物，要求国民政府保卫领土主权，停止内战，出兵抗日。

一二·九运动的消息，传到世界各地，海外侨胞深感振奋，立即向国内各校学生组织发出电函，赞扬学生的革命精神，誓为学生的后盾。中国共产党北方局根据毛泽东关于"学生运动要得到持久性……只有和工人、农民、兵士的斗争配合起来，才有可能"的指示，不失时机地把学生抗日救亡运动扩展到工农兵中去。北平、天津 500 余名学生组织了南下宣传队，沿平汉线南下，在河北省向农民开展抗日救亡的宣传工作。1936 年 1 月下旬，上海 90 余名学生组织了救国宣传团，在京沪铁路两侧的农村进行宣传工作。武汉、广州、济南等地的学生也深入农村，宣传和发动农民。

▲ 各地民众声援北平学生抗日运动

一二·九学生爱国运动是在中国共产党的领导和号召下发生的，共产党给学生运动指明了正确的方向。毛泽东于 1939 年 12 月 9 日在延安纪念一二·九运动四周年大会上的讲演中指出：一二·九运动"轰动了全国。它配合着红军的北上抗日行动，促进了国内和平和对日抗战，使抗日运动成为全国的运动，所以，一二・九运动是动员全民族抗战的运动，它准备了抗战的思想，准备了抗战的人心，准备了抗战的干部。"一二・九运动是中国现代史上具有伟大意义的历史事件，它揭露了日本帝国主义侵略中国吞并华北的阴谋，打击了国民政府"只安内，不攘外"的反动政策，扩大了中国共产党的影响，广泛发动了群众，推动了抗日民族统一战线的建立。

1936 年 2 月 1 日，北平爱国学生在北平师范大学举行第一次代表大会，正式成立中华民族解放先锋队，爱国青年有了抗日的先进群众性组织。与此同时，全国各阶层群众性的救国组织，如雨后春笋般涌现。为了将各地救国组织联合起来，造成"停止内战，共同抗日"的强大压力，1936 年 3 月在上海召开的全国学生救国联合会筹备会议上，提出了召开全国各界联合会代表会的主张。经过两个多月的筹备，5 月 31 日至 6 月 1 日在上海举行了全国各界救国联合会成立大会，出席的有来自全国 18 个省市的 60 多个救亡团体的代表。会议听取了筹备委员会的筹备情况报告，以及平津民先队和上海、南京、厦门、香港等地救国会活动情况的报告；选举宋庆龄、何香凝、马相伯、邹韬奋等 40 余人为执行委员，沈钧儒、章乃器、李公朴、史良、沙千里、王造时等 14 人为常务委员；通过了《全国各界救国联合会成立大会宣言》《抗日救国初步政治纲领》等文件。宣言指出：日本大陆政策的主要作用在灭亡全中国，我们唯一救亡图存的要道，在于全国立刻团结一致以全力抗敌。认为救国阵线现阶段的主要任务——促成全国各实力派合作抗敌的任务，有重要的历史意义。为了实现联合抗日，会议通过的纲领提出：除了汉奸以外，我们在横的方面，坚决地主张各党派的合作；在纵的方面，诚意要求社会各阶层分子的合作；这个纲领呼吁："大家捐弃前嫌，不咎既往，联合起来！"救国会成立后，高举"停止内战，共同抗日"的伟大旗帜，为促成国共两党合作发动全民族抗战，进行英勇顽强的斗争，发挥了重要的作用。救国会特别呼吁国共两党要重新合作，要求国民党当局立即"和红军停战议和，共同抗日"；立即"开放抗日言论自由和救国运动自由"。以一二·九运动为新起点的如火如荼的全民族救国运动，强烈要求国共重新合作，"停止内战，一致抗日"，给中国国民党造成强大的舆论压力。中国人民抗日救亡运动的兴起，沉重地打击了日本帝国主义的气焰，激发了千百万群众的爱国热情，冲击了南京政府的不抵抗政策，为动员全民族的抗战，迫使中国国民党调整内外政策，实现国共合作起了重要的推动作用。

洛 川 会 议

　　红军在开赴华北抗日战场之前，中共中央政治局在洛川召开了扩大会议。这次会议的一系列重要决策，对于开展抗日游击战争的战略方针和组织抗日民族统一战线等政策方针的确定，对于根据地的建设，具有重要的指导作用。

　　卢沟桥抗战爆发后不久，中共中央派出周恩来、秦邦宪、林伯渠同志专程飞往庐山，同国民党蒋介石等进行谈判，商讨共同抗日的问题。红军部队抓紧时间练兵，官兵们士气高昂，时刻准备上阵杀敌。

　　1937 年 8 月上旬，中共中央与国民政府达成协议。8 月 25 日，中共中央军委正式下达命令：红军改编为国民革命军第八路军，朱德同志任总指挥，彭德怀同志任副总指挥，叶剑英同志任参谋长，左权同志任副参谋长，任弼时同志任政治部主任，邓小平同志任政治部副主任。下辖第 115、120、129 三个师，每个师下属两个旅。第 115 师师长林彪，副师长聂荣臻，政治部主任罗荣桓，副主任萧华，下属 343 旅和 344 旅。第 120 师师长贺龙，副师长萧克，政治部主任关向应，副主任甘泗淇，下属 358 旅、359 旅。第 129 师师长刘伯承，副师长徐向前，政治部主任张浩，副主任宋任穷，下属 385 旅、386 旅。

根据同国民政府达成的协议，八路军由陕甘宁边区出发，开赴山西抗日前线，当时国民政府将全国划分为五个战区，山西属于第二战区，由地方军阀阎锡山负责，而阎锡山为了保住自己利益，在抗战初期与我党持合作态度。抗战为我党我军的发展提供了良机，八路军就要出师抗战了。然而出征之后究竟怎么办，采取什么样的战略战术，都是亟待解决的问题，在这历史的紧要关头，中共中央在陕西洛川县冯家村召开了政治局扩大会议，制定抗战路线和战略总方针——洛川会议。

▲洛川会议旧址

洛川，当时是陕甘宁边区和国民党管辖区相交接的地方，北距延安城90公里。出席洛川会议的有毛泽东、周恩来、朱德、任弼时、彭德怀、林伯渠、张闻天、凯丰、博古、关向应、刘伯承、萧劲光、徐向前、聂荣臻、罗瑞卿、贺龙、李富春、张浩、周建屏、张文彬、傅钟等23人。会议深入分析了中日战争敌强我弱的形势，明确指出抗日战争的艰苦性和持久性，正式确定了"全面全民族的抗战"路线，"持久战"的战略总方针。

洛川会议是 8 月 22 日开始的。毛泽东、张闻天和周恩来等同志就形势和任务问题作了报告。毛泽东在报告中着重指出，日本帝国主义发动的侵华战争是冒险的战争，在战略上不能轻敌。日军进攻的主要方向是华北，辅助方向是上海。卢沟桥抗战是大规模全国性战争的开始。由于日本和中国各方面的情况，就决定了我们最基本的方针是持久战，而不是速决战。持久战的结果是中国取得胜利。我们的总任务就是动员一切力量争取抗战胜利。实行抗日的军事、抗日的政治、抗日的财政经济、抗日的教育和抗日的外交，使现在开始的抗战成为全面的全民族的抗战。

毛泽东同志还指出，我们必须开展独立自主的山地游击战争，准备坚持持久抗战。要充分发动群众，广泛建立抗日民族统一战线，不断壮大我们的力量。我们正在同国民党方面谈判，但他们一味拖延，鉴于当前的条件和出征的紧迫，不能把希望寄托在蒋介石身上，解决问题的办法，还是靠我们自己，一切靠我们自己。

会议制定了《中国共产党抗日救国十大纲领》，通过并于 8 月 25 日发表了《关于目前形势与党的任务的决定》。决定指出：卢沟桥的挑战和平津的占领，是日寇大举进攻华北的开始，"七月七日卢沟桥的抗战，已经成了中国全国性抗战的起点"。"中国的政治形势从此开始了一个新的阶段，这就是实行抗战的阶段。抗战的准备阶段已经过去了。在这一新阶段内的最中心的任务，是动员一切力量争取抗战的最后胜利。""今天争取抗战胜利的中心关键，是在使国民党发动的抗战发展为全面的全民族的抗战。只有这种全面的全民族的抗战，才能使抗战得到最后胜利。本党今天所提出的抗日救国的十大纲领，即是争取抗战最后胜利的具体的道路。""由于国民党还不愿意发动全国人民参加抗战。相反的，企图把抗战看成只是政府的事，处处惧怕与限制人民的参战运动，阻碍政府军队与民众结合起来，不给人民以抗日救国的民主权利，不去彻底改革政治机构，使政府成为全民族的国防政府。""由于当前的抗战还存在着上述的严重弱点"，因此"应该看到这一抗战是艰苦的持久战"。决定最后指出："共产党员及其所领导的民众与武装力量，应该最积极地站在斗争的最前线，应该使自己成为全国抗战的核心，应该用极大力量发展抗日的群众运动，不放松一刻工夫、一个机会去宣传群众、组织群众、武装群众，只要真能组织千百万群众进入抗日民族统一战线，抗日战争的胜利是无疑义的。"

洛川会议从 8 月 22 日到 25 日，一共开了四天。通过讨论最后统一到毛泽东同志提出的作战方针上来了。毛泽东同志汲取不同意见中的合理成分，把关于作战方针的提法作了一些变更，使之更全面、更科学了。这就是：基本的是独立自主的山地游击战，但不放松有利条件下的运动战。八路军出师华北之后，中央于 1938 年 5 月又改成：基本的是游击战，但不放松有利条件下的运动战。历史事实证明，毛泽东在洛川会议上提出的战略方针，符合实际情况，是认真分析了敌我双方力量对比而提出的正确方针。

经过洛川会议，解决了对日斗争的战略战术问题，八路军的将士奔赴华北抗日前线，从此开辟了华北抗日斗争的新局面。

忻 口 战 役

山西地处黄土高原，雁门关以南，娘子关以西系多山地带，居高临下，直接威胁日军平津地区军事重地，故山西为敌我必争之战略要地。

◎ 保卫山西　并肩作战

七七卢沟桥抗战爆发后，日本首先占领了北平，9月按照日军进攻山西的方针和计划又兵分两路向山西进攻。一路以板垣征四郎率第5师团及察哈尔兵团大部为北路，在攻取南口之后，沿同蒲铁路南下。另一路以川岸文三郎第20师团及第108、109师团为东路沿正太路西进，采取分兵合击，相互策应，妄图一举夺取太原，占领山西，两路总兵力达14万人。

内长城防线被日军突破，太原形势危急。国民政府军事委员会为挽回危局，遂决定转用平汉线兵力，巩固山西防线。

中国第二战区调动第二、第六、第七、第十四、第十八、第二十二等六个集团军计28万人在晋北、晋东设防，抵御日军。战斗首先从晋北开始。

山西是地方军阀阎锡山的老家，阎锡山苦心经营了20多年，眼看日本鬼子就要打进家门，自己连落脚的地方都没有了，就命令自己组建起的晋绥军一定要守住长城一线。没想到鬼子的飞机大炮一炸，晋绥军就跑，连连败退，长城的好几个重要关口都丢了。中国军队内长城防线被突破，这时在山西省城太原北面只有一道险关忻口了，要想保住太原就只有在这里死守。阎锡山这下可急了，赶快向蒋介石拍电报请援兵。蒋介石为了防止日寇进入华中保住武汉，觉得山西不能丢，就派出精锐部队中央军第十四集团军由卫立煌率领进入山西，同时又从四川、贵州等地抽调了十几万人马进入山西，决定在忻口组织会战。

▲晋绥军纷纷开赴前线

对保卫山西的作战，中共中央极为关注。中央军委副主席周恩来一直同阎锡山保持着频繁的接触，多次参与一些重要作战计划的研究，以协调共同作战。针对阎锡山把作战地区划分为左、中、右三个地区，以主力用在正面防御的作战计划，周恩来指出："在中地区，应以小部队钳制当面之敌，而以主力把敌诱到代县、忻口一线，求得侧面出击，加以消灭；右地区的部队要进行广泛的游击，以牵制敌军；左地区兵力较弱，可向宁武南北游击，破坏和阻止敌军的前进计划。"① 他还提议，立即组织、武装正太、同蒲铁路员工和井陉、阳泉矿工，配合保卫山西。

为了争取忻口和太原作战的胜利，中共中央军委主席毛泽东于10月6日致电参加太原军事会议的周恩来，让他转告国民党军事当局："敌占石家庄后，将向西面进攻，故龙泉关（九龙关）、娘子关两点须集结重兵，实行坚守，以使主力在太原以北取得胜利。"毛泽东判断：进入山西之敌，总数不过两个半师，为确保晋北占领区，又须分兵守备。因此，到达忻口一带作战者不过一个师左右。如果我方部署适当，是有可能暂时破坏敌之攻击计划的。并指出此战役关键在于下列三点：（一）娘子关、龙泉关之坚守；（二）正面忻口地区之守备与出击（出击是主要的）；（三）敌后方之破坏。

为达上述目的，毛泽东提议：国民政府军事委员会应速派主力军三四个师至娘子关；第十四集团军的四个师担任正面出击兵团之主力，晋绥军以两个师协助出击，其余担任守备；八路军第115、第120师主力担任从东西两方破坏敌之侧后纵深地区，袭击忻口至大同，大同至张家口之铁路及代县、广灵至张家口之公路交通线。八路军第129师主力或全部则使用于正太路，发动群众配合娘关守军，巩固后路。

朱德、彭德怀根据毛泽东的指示，于10月6日、7日，令第115师协同友军向平型关、大营镇之敌进攻，相机袭取浑源、应县，断绝茹越口、繁峙之间交通；令第120师以主力向岱岳镇（今山阴县）以西山地出动，断绝大同与雁门关之间交通，以第

---

① 中共中央文献研究室编：《周恩来传》，中央文献出版社1989年版，第381页。

358 旅主力配合友军夹击宁武以南之敌；令第 129 师主力进到正太铁路之寿阳、平定地区，积极钳制与打击西进之敌。

▲1937 年 10 月，358 旅配合国民党军进行忻口会战，一个多月毙伤敌 1000 余人。图为部队通过长城要隘。

中国共产党领导的中国工农红军在北方改编为八路军，南方改编为新四军，雄赳赳气昂昂地开赴抗日前线。八路军三个师东渡黄河后，进入了山西，深入敌后。第 115 师首先在平型关打了一个大胜仗，首战告捷，消灭了板垣师团日本鬼子 1000 多人，缴获了许多战利品。当时举国振奋，也给连连败退的晋绥军鼓了士气。板垣吃了苦头，不敢再贸然挺进。

◎ 崞县原平阻凶敌　姜旅长壮烈牺牲

忻口位于太原以北，居忻县、崞县、定襄三县之交，东托五台山，西倚云中山，滹沱河从两山穿流而过，同蒲铁路和一条公路沿河岸纵贯南北，自古以来为战略要地。从 1935 年起，就已在此修筑工事。

为了占领太原，日军第 5 师于 10 月 3 日由大营镇出发，6

日在代县集结。混成第2、第15旅于10月1日由代县沿公路分别向崞县、原平进攻。

然而增援忻口的中国军队因路途遥远交通不便，至10月3日大部队还没有赶到，最快也要三天的路程。

阎锡山可又急了，急忙给守在忻口北面的崞县、原平的晋绥军第十九军军长王靖国发电报，要他一定要坚守十天，不然军法从事，并又给他增派了一个山炮营。王靖国不敢怠慢，决定以205旅依据崞县北城，215旅依据崞县西城及南关西南部，209旅依据崞县东城及南关东部，各以三分之一兵力守备城防，三分之二兵力在城外部署，准备作战。军属野炮营和山炮营控制在城内西北地区。命196旅固守原平。此时，第二战区第十九军王靖国部凭借有利地形，对日军的进攻奋力抗击，迟滞了敌军的行动，为主力部队集中布防赢得了时间。

10月4日，日寇开始进攻。先是飞机大炮一阵轰炸，把守军的工事都炸塌了，守军的许多士兵被土埋住了，到处都是硝烟，炮声一停鬼子兵怪叫着就往上冲。从土里钻出来的士兵沉着应战，经过数小时激战，将日军击退，一连三天鬼子都没能攻进城内。

10月7日上午10时，疯狂的日军在飞机、坦克、炮兵火力支援下猛攻崞县城垣，当即将北城墙轰开一个缺口，日军遂由城墙缺口涌入城内，并占领北城墙一部。守军一部曾由东、西两面夹击登城日军，但未奏效。接着，日军继续扩大突破口，大量日军进入城内。于是，两军展开巷战，守军伤亡惨重，被迫撤退，崞县失守。

占领崞县后日军集中兵力围攻原平，原平守军在姜玉贞旅长的指挥下浴血奋战，战至11日弹尽粮绝，旅长姜玉贞壮烈牺牲，原平陷入敌手。

196 旅为中国军队忻口布防赢得了时间，4000 多人大部分战死，仅突围出六七百人。为了表彰该旅的功绩，国民政府军事委员会授予 196 旅"荣誉旅"称号，载入史册。日军攻占原平以后，暂停攻击，集结休整准备向忻口守军防线发动总攻。

◎ 日军总攻忻口

守军反击失败，日军的攻击部队于 12 日夜按作战部署进入攻击出发位置，坦克和装甲车埋伏在步兵之后，距离中国军队最近只有不到 500 米。中国军队也已进入阵地，严阵以待。

13 日拂晓，日军步兵在飞机 30 余架、战车五六辆及炮兵的支援下，向忻口地区守军左翼兵团、中央兵团阵地猛烈攻击。日军攻击的重点置于左翼兵团第 10 师之阎庄阵地和中央兵团第 54 师之南怀化阵地。南怀化守军阵地当即被日军突破。卫立煌急调第 21 师李仙洲部归第九军指挥，竭力恢复丢失的阵地；并令第六十一军之独立第 4 旅迅速向前开进，协同守军收复失地。

▲忻口战场我军冲向敌阵

14 日晨 5 时，第 21 师向南怀化、新练庄之敌出击。李仙洲师长亲率 62 团向敌攻击，但在敌人强大火力压制下，部队遭受严重伤亡。敌随之发动猛烈反扑。敌我两军展开激烈战斗。李师长在率部作战中胸部受伤，出击部队受挫，该师随即退出战斗。

15 日拂晓，日军继续攻击忻口西北高地。卫立煌、傅作义严令第 54 师和独立第 2 旅坚守关子村与新练庄一线阵地。这时，第六十一军陈长捷所部奉命驰援。该军独立第 4 旅进到红沟，夺回红沟以西被敌突入的守军第二线阵地，而后与敌对峙于怀化东北高地。紧接着第六十一军之第 72 师到达前线，展开于忻口以西高地，支援独立第 4 旅作战。

忻口正面守军向中泥河、东泥河之敌反击，曾一度攻占中泥河，但在日军增援到达后，被迫撤回。攻占南怀化之日军，自拂晓起，继续向 1300 高地攻击，情势极为严重。左、右翼兵团经一日激战，仍与日军处于对峙状态。

卫立煌鉴于南怀化为全线锁钥，关系忻口战役的全局，遂决定集中第 21 师、独立第 2 旅、独立第 5 旅及新编第 4 旅等部共五个旅的兵力，歼灭南怀化日军；并以第 68 师由秦家庄、旧练庄向前后城头行动，夹击该敌。限于 16 日零时前后开始攻击。

16 日 2 时，南怀化阵地反击战正式展开。218 旅由弓家庄向南怀化敌侧背攻击，7 时攻占旧河北，9 时占领南怀化北端河岸。是时，日军飞机十余架，协助其地面部队一再反扑，终被击退。

郝梦龄率部向占领南怀化之敌奋勇反击，阵地得而复失、失而复得，战斗异常激烈。经昼夜激战，占据南怀化以南之日军，大部被歼。此战，日中双方军队均伤亡数千人，第九军军长郝梦龄中将（牺牲后被追晋为上将，灵柩于 10 月 24 日运抵武汉。11 月 15 日安葬在武昌卓刀泉山麓）、第 54 师师长刘家琪少将（牺牲后被追晋为中将）、独立第 5 旅旅长郑廷珍少将等，均壮烈殉国。

郝军长在率部由贵州省北上抗日途中路经武汉时，曾于 9 月 15 日给其子女留下遗书说："此次北上抗日，抱定牺牲，万一阵亡，你等要听母亲的教调，孝顺汝祖母老大人。至于你等上学，我个人是没有钱，将来国家战胜，你等可进遗族学校。"在忻口战役展开之前，他于 10 月 10 日又写信给家属，信中说："此次抗战，乃民族国家生存之最后关头，抱定牺牲决心，不能成功即成仁，为争取最后胜利，使中华民族永存世界上，故成功不必在我，我先牺牲。我即牺牲后，只要国家存在，诸子教育当然不成问题。"

郝军长阵亡后，卫立煌和傅作义即命陈长捷任中央兵团指挥，继续指挥作战。为协同中央兵团向日军反击，左翼兵团向进攻的日军右侧出击，已攻占新旧练庄、阎家庄、卫家庄之线。但在敌人反击下，部队急速退回东长村、大白水一线转入防御。这时右翼兵团第十五军防守之灵山阵地受到日军的攻击。以攻击南怀化敌人后方为目的的 217 旅和 218 旅，将在新旧河北村的日军大部消灭，但在日军增援下与敌战斗一整天，之后退回金山铺休整。在战斗中，218 旅旅长董其武负伤。

经 16 日一天激战，出击部队缴获日军步枪 500 余支，轻重机枪 40 余挺，炮 20 余门，并击落一架敌轰炸机。但因出击的左翼兵团和中央兵团的 217 旅、218 旅均撤退回原阵地，反击南怀化的部队受到严重损失，因而全线又转为守势。至此，守军反击日军的计划失败。

为增强忻口正面的防御，阎锡山在 16 日命令第十九军迅速开赴金山铺，归卫立煌指挥。阎在电报中严饬该军军长王靖国："此次战事关系到华北存亡，着该军军长戴罪立功，严督各旅拼死杀敌，以赎前愆。"并电令第十五军军长刘茂恩："灵山又被敌突破，仰速集结兵力拼死恢复，以免影响战局，并着严督素部死力抗敌，不得再有疏失。"阎并将属于右翼军朱德总司令指挥下的第73师全部、第101师一个旅和一个团夜调忻县二十里铺，归傅作义指挥。

阵地对峙战至10月17日，中日两军继续在忻口正面激战。阎锡山一面命令在敌后和侧翼的步兵和骑兵第一军积极打击日军交通运输和袭击敌人侧翼外，又于17日下午电令傅作义迅速督饬所部，在忻县城北公路两侧西方高地构筑第二阵地以及构筑石岭关及至太原各线的工事。将预备军在忻口前线作战的各部统归卫立煌指挥。

▲忻口前线的中国守军阻击日军的进攻

在忻口前线的正面，中日两军形成了胶着状态。日军显然缺乏再次发动大规模攻击的兵力，守军亦放弃了大规模出击而采取阵地防守。直至23日前的一周间，每日作战几乎形成规律，早晨七八时，日军以飞机对守军阵地实施轮番轰炸，掩护步兵向守军阵地袭击。守军为了对付日军的新技术，将炮兵在白天隐匿起来，避敌飞机轰炸，黄昏后再进入阵地对日军炮兵群和前线机场突然猛轰。步兵组织小分队，在夜间潜出阵地，对敌阵地和壕坑进行袭击和破坏。这种对峙局面，一直保持到23日。在泥河村的日军前进机场，曾被守军炮兵破坏。

10月24日，日军第5师团长将中国驻屯兵旅团第2联队为主编成的萱岛支队由大同调来，投入忻口战场，再次组织兵力向忻口地区守军阵地发动攻击。这次攻击，日军将重点指向官村迤南和左翼之南峪、盟腾间阵地。在守军顽强抵抗下，日军攻击毫无进展。26日，日军继续攻击。守军左翼第83师防守的盟腾村阵地于下午2时被日军突破。而向中央与右翼守军阵地攻击的日军，被阻于守军阵地前，进展甚微，仅突破东、西荣花村阵地。

27日，日军从东西荣花村突破口向守军贾村阵地猛攻。左翼盟腾村北方高地于中午被日军攻占。守军第10师一部反击，将该高地夺回。在争夺这一高地中，敌我两军均有重大伤亡。这日，整个忻口前线全线激战。此后，整个战役转入了对峙与胶着状态。陈长捷回忆这一段对峙作战的情况有如下记载："敌我于南怀化、红沟谷地间，两度往复拉锯战，岁阵相抗达半月之久。敌久攻不下，兽性大发，竟以火焰放射器配合大口径迫击炮，抛射凝缩汽油弹，对我猛攻。我阵前阵后顿成火海，守兵被溅上凝缩汽油，除了倒地自行滚转外，无法加以救护；阵地存储的弹药亦每引起爆炸，损失严重。为了驱逐紧逼阵前之敌，我军乃决定向敌壕一侧亦行掘进坑道或窄壕，实行对壕互轰。士兵分为作业班、爆破班、战斗班三部，背负土囊、工具、药包等，潜出阵前，对敌壕与坑道加以横截爆破，掀起一场又一场的地下战。敌军不得不放弃所占领的突击阵地，退回南怀化去。但我旅的王、宋两团阵地，亦曾被敌由掘进的坑道所炸爆，部分守兵被埋于地下。"整个忻口战场上，争战异常激烈。每天拉锯式的争战都有几次，甚至十几次。有时候，为了争夺一个制高点，中国军队整排、整连地牺牲。即使是这样，将士们仍然前仆后继，冒着敌人的炮火冲锋，直到夺回制高点。

▲忻口前线，我军冲向敌阵，与敌展开肉搏。

由于战斗的紧张进行，晋绥军第71师429团的阵地前，敌我双方的尸体来不及抬运，竟交错重叠成堆。忻口会战多是短兵相接，日军先进武器不易充分发挥作用，故日军伤亡亦极惨重。南怀化之战，日军指挥官三易其人，拼命冲击，仍不能越雷池一步，日军也承认忻口战役"始终陷于胶着状态"，22日、24日两次增援，虽稍有进展，"但27日以后战况又出现胶着状态"。由于10月中旬日军华北方面军之第6、第16师团及国崎支队已调去上海，几乎无兵增援忻口，日军竟于27日抽调一部分京津警备部队赶往忻口，以解燃眉之急。

到了 10 月 26 日，由于东线娘子关被日军攻破，忻口守军被迫奉命撤退。至此，忻口战才告结束。

忻口会战是华北战场壮烈的一战。它歼灭了日本驻屯军板垣第 5 师团滕田旅团长以下 2 万余人，挫伤了日军进攻的锐气，推迟了太原失陷的时间，使中国军队能够比较有秩序地向晋南撤退，为未来的战略相持创造了一定条件。

◎ 国共合作并肩作战

在忻口会战中，八路军作出了巨大贡献。周恩来、朱德协同阎锡山制定了忻口会战方案；朱德、彭德怀除统率八路军外，并指挥右翼晋绥军 10 团共同作战。忻口战役开始后，部署在日军侧后的八路军积极作战，取得了重要战果。第 115 师在涞源、灵丘、广灵一带广泛发动群众，开展游击战争。10 月中旬，115 师独立团，先后攻克繁峙、灵丘、广灵、蔚县、唐县、曲阳、平型关、紫荆关，歼灭了部分守敌，捣毁了日军大量兵站，切断了忻口与张家口、北平的交通线，有力地配合了忻口地区卫立煌部队的作战。第 120 师在忻口、原平一线西部及崞县地区，袭击敌军侧背。10 月 18 日，在雁门关以南黑石头地区，第 120 师 716 团伏击日军 500 余量汽车的运输部队，激战三小时，歼敌 500 余人。在此期间，第 120 师广泛出击，先后攻克宁武、阳方口、平鲁、井平，并几度攻克雁门关，切断了忻口之敌打通的交通线。

第 115 师和第 120 师的积极作战，使进攻忻口之日军与大同、张家口的交通中断，粮、弹、油料等供应断绝，迫使敌人不得不借飞机来输送给养。10 月 24 日，卫立煌在给蒋介石的密电中称："敌自雁门被截断，粮秣极感困难，现向地方征发

▲贺龙和周士第、关向应、甘泗淇等在雁门
关前线

杂粮中。"[1] 为此，国民政府军事委员会通电嘉奖，蒋介石于10 月 17 日致电朱德、彭德怀："贵部林师及张旅，屡建奇功，强寇迭遭重创，深堪嘉慰。"[2]

八路军各部队的积极作战，切断了敌后方运输线，削弱了日军的进攻力量，大大减轻了国民党军正面防御的压力，起到了暂时稳定晋北战局的作用。

八路军从 9 月挺进山西，到 11 月太原失守，共配合国民党军队正面战场大小战斗百余次，毙伤日军数千人，缴获马枪1000 余支，轻重机枪 76 挺，骡马 1200 余匹，毁敌机 24 架及汽车、坦克 600 余辆，有力地打击和钳制了日军，出色地配合友军保卫太原作战，取得了初期作战的胜利。但由于国民党军在片面抗战路线指导下，实行消极防御，终失忻口、太原、娘

---

① 中国第二历史档案馆编：《抗日战争正面战场》（上），江苏古籍出版社 1987 年版，第 505 页

② 电中所说"林师"指林彪任师长的第 115 师，"张旅"指张宗逊任旅长的第120 师 358 旅。

子关和山西大片土地。当数十万国民党军争相南逃时，又是八路军阻击、钳制日军，才使国民党免遭全歼。从此，在华北以国民党为主体的正规战争结束了，以共产党为主体的游击战争上升为主要地位，进入了共产党领导的八路军独立自主地开展游击战争的新时期。

◎ 八路军夜袭阳明堡机场

1937 年 10 月初，日军华北方面军一部向太原发动进攻。10 月上旬，日军突破山西省北部国民党军的防线，侵占代县、崞县（今原平县崞阳镇）后，继续南犯。为了配合国民党军作战，八路军第 129 师 385 旅 769 团奉命向山西省原平东北山区挺进，在代县、崞县以东地区，执行侧击南犯忻口日军后方的任务。

10 月 16 日，部队到达阳明堡以南滹沱河东岸的苏郎口地区，苏郎口是滹沱河东岸一个不小的村庄，顺河南下便是忻口。部队驻扎后不久，就发现日军飞机不断由滹沱河西岸起飞，轮番轰炸忻口、太原的中国第二战区部队，严重压制忻口友军。隆隆的炮声不断由南方传来，敌人的飞机一会儿两架，一会儿三架，不断从部队头顶掠过，疯狂到了极点。

从敌机活动的规律来看，机场可能离这儿不远。各营的干部纷纷要求："下命令吧，干掉它！"

指挥员们像是看透了战士们的这种求战心情，也日夜忙着寻求战机。果然，没过几天，战斗任务就下来了，八路军总部向第 129 师发出命令，限三天之内歼灭这些空中日军。该师所属 769 团奉命执行这一任务。

为了设法弄清敌人机场的情况，第二天陈锡联团长决定到

▲阳明堡一角

现场侦察一下。顺着一条山沟，很快来到了滹沱河边。登上山峰，大家立时为眼前的景象所吸引，东面是峰峦重叠的五台山，北面，内长城线上矗立着巍峨的雁门关，极目西眺，管岑山在雾气笼罩中忽隐忽现……滹沱河两岸，土地肥沃，江山壮丽。只可惜，如今正遭受着日寇侵略者的践踏！

突然，2营营长叫道："飞机！"

大家不约而同地举起望远镜，顺着他手指的方向看去，果然发现对岸阳明堡的东南方有一群灰白色的敌机整整齐齐地排列在空地上，机体在阳光映照下，发出刺眼的光芒。

大家正仔细观察着那机场内外的每一个目标，忽然发现一个人从河边走来。从望远镜里看到：这个人蓬头垢面，衣衫褴褛，还打着赤脚。看样子是个农民，但神情很紧张。

等他走近一些，大家忙迎上去喊："老乡，从哪里来？"

那人听到喊声，心里一怔，马上停住了脚步，两眼不住地四下观望。及至见到这几个陌生的军人时，更是惊慌不安，两眼狐疑地上下打量着，好半天才哆哆嗦嗦地吐出了两个字："老……总……"

"老乡，不要怕，我们是八路军，来打鬼子的。"

他听到"八路军"三个字，马上"啊！"了一声，一下扑上来抓住战士们的手，激愤地诉说起他的遭遇。原来他就住在飞机场附近的一个小村庄里，自从日寇侵入山西以后，国民党军队的抢劫、日本鬼子的烧杀，弄得他家破人亡，一家三口，只剩下他孤苦伶仃一人。后来，鬼子兵又把他抓去做苦工，逼着他整天往飞机场搬汽油、运炸弹。每天从早累到晚，常常是饿着肚子干活，还得挨打受气。他受不了鬼子的折磨，才由机场偷偷跑了出来。最后，他指着敌人的机场恨恨地说："去收拾它们吧，我给你们带路！"接着，这位老乡又向我们详细地介绍了敌人机场内外的情况。

经过侦察，了解到的情况和老乡介绍的大体一致。日军机场就在阳明堡西南约3公里，这个飞机场，原是阎锡山修的，日本鬼子一来，将之做了进攻中国的空军基地。机场里共有24架敌机，白天轮番去轰炸太原、忻口，晚上集中停列在机场的东南侧。敌香月师团的一个联队大部都驻在阳明堡街里，机场里只有一小股守卫部队，仅有日寇警卫部队200余人，大部驻在机场北端。敌机场内构筑有掩体、地堡、掩蔽部，周围有铁丝网，警戒疏忽。阳明堡及其附近的代县、崞县均驻有日军。

夜里，部队悄悄地出发了。3营在第二次国内革命战争中，能攻善守，以夜战见长，曾得过"以一胜百"的奖旗，今天他们继承着红军时期的优良传统投入了新的战斗。战士们一律轻装，刺刀、铁铲、手榴弹，凡是容易发出响声的装具，全都绑得紧紧的。长长的队伍，顺着漆黑的山谷行进，神速而又肃穆。

向导就是先前遇到的那位老乡。他对这一带的道路了如指掌。走了 500 多米就到了徒涉点，战士们一个接一个跳下河，水齐腰深，大家手挽手结成一条链，冲着水浪往前走。滹沱河水不但很深，且流得很急，冲得大家摇摇摆摆的。河底的淤泥特别深，一停脚就有陷进去的危险，好些人把鞋袜都陷掉了，赤着脚上了岸。大家拖着湿透的棉衣棉裤，直奔飞机场。

机场死气沉沉的，没有火光，也没有人声，鬼子都睡死了。部队爬过了铁丝网，神不知鬼不觉地摸进了机场。赵崇德同志带着 10 连向机场西北角行动，准备袭击鬼子守卫队的掩蔽部。11 连直向机场中央的机群扑去。

11 连 2 排的战士们最先看到了飞机，它们果然整整齐齐地分三排停在那里。突然，西北方有个鬼子哇啦哇啦地呼叫起来，紧接着响起一连串清脆的枪声。原来 10 连与鬼子的哨兵遭遇了。就在这一瞬间，10 连和 11 连在两个方向同时发起了攻击。战士们高喊着冲杀声，勇猛地扑了上去。机枪、手榴弹一齐倾泄，一团团的火光照亮了夜空。正在机群周围巡逻的鬼子哨兵，慌忙赶来和冲在前面的战士绕着飞机互相追逐。机舱里值勤的驾驶员被惊醒了，他们惊慌之中盲目开火，后边飞机上的机枪子弹接连打进了前面的机身。

战士们越打劲头越大，有的边打边喊："这一架算我的！"也有人七手八脚地往机身上爬。机枪班长老李早爬上了一架飞机的尾部，端起机枪向机身猛扫。

我军这种迅雷不及掩耳的袭击，把这些骄傲的"皇军"打得晕头转向，摸不清是哪里来的"神兵"。突然间，从机场的西北一下子升起了几十发红红绿绿的照明弹和信号弹，一眨眼，把机场照耀得如同白昼，鬼子机枪、步枪随即向战士猛扫过来。赵营长喊了一声"卧倒！"战士们都迅速地趴在地上，向鬼子还击。鬼子在离战士们100多米的地方冒出了地面，大约有200人，用密集的队形反扑过来。一看敌人上来了，我军指战员都抑制不住杀敌的怒火，步枪、机枪、手榴弹都集中火力朝鬼子打，前面的鬼子一排排地倒下了，后面的又拥挤着向我军猛扑而来，双方的火力在夜空中组成了一片交叉的火网，子弹暴雨般洒在毫无遮拦的平坦的机场上，落在密集的人群里。

正打得热闹，鬼子的守卫队号叫着扑了过来。就在20多架飞机中间，敌我混在一起，一场激烈的白刃格斗开始了。到处都听到"叮叮咔咔"的刺刀撞击声，枪托打在鬼子戴钢盔的脑袋上的闷裂的声音，刺刀捅进鬼子肚皮时的凄厉的叫声。在我们身经百战的英勇顽强的八路军面前，敌人混乱了、溃退了！战士们的机枪、步枪跟在敌人屁股后面扫，机场上横七竖八地丢了几十具鬼子尸体。

鬼子第一次反扑失败了，紧接着又组织了第二次、第三次反扑。同志们一面打击敌人的反扑，一面继续轰击敌人的飞机。正在打击敌人第三次反扑的时候，一架飞机的气缸被手榴弹命中了，一股浓密的黑烟卷着红火冲了几丈高，火舌舔着机身，顷刻间，整个飞机都被熊熊烈火烧着了。这一下，可找到窍门了，连着第二架、第三架……所有二十几架飞机都烧起来了，机场成了一片火海，强烈的汽油味混着浓密的火药硝烟味直呛喉咙。

赵崇德同志跑前跑后地指挥部队。突然，他看见一个鬼子打开机舱，跳下来抱住了一个战士，那个战士回身就是一刺刀，结果了鬼子的性命。赵崇德同志大声喊道："快！手榴弹，往飞机肚子里扔!"只听"轰!
轰!"几声,两三架飞机燃起大
火。火乘风势,风助火威,片刻,
滚滚浓烟卷着熊熊的烈火,弥漫
了整个机场。

　　鬼子守卫队的反扑被杀退
了。赵崇德同志正指挥战士们炸
敌机,突然一颗子弹把他打倒
了。几个战士跑上去把他扶起,
他用尽所有力气喊道:"不要管
我,去炸,去……"话没说完,
这位"打仗如虎,爱兵如母"的
优秀指挥员就合上了眼睛。他的

▲在袭击阳明堡机场战斗
中壮烈牺牲的八路军营
长赵崇德

牺牲使同志们感到万分悲痛,战士们高喊着"为营长报仇!"
的口号,抓起手榴弹,冒着密集的枪弹向敌机冲去……几十
分钟后,守卫队大部被歼,20多架敌机燃烧在熊熊的烈火之
中。驻在街里的香月师团的装甲车急急赶来增援,可是,等
它们爬到机场时,我军已经撤出了战斗。

　　此次战斗历时仅一个小时,八路军以伤亡 30 余人的代
价,取得了击毁日军飞机 24 架,毙伤日寇 100 余名的重大
胜利。

　　战斗结束后,汪乃贵副团长向徐向前报告说:"我们这次
战斗,只炸了二十来架飞机,没有抓俘虏,自己却牺牲了一个
营长和二十几个战士,我向你作检讨。"徐向前说:"检讨?
我还要向党中央、毛主席和蒋委员长报告,给你们请功呢!你
们炸毁那么多飞机,成绩是了不起的,我们的营长和战士都是
经过长征的红军,牺牲了二十几名,是个不小的损失,以后要

总结经验教训。"①

　　夜袭阳明堡的胜利，不仅打击了敌人的空袭力量，而且迫使日军不得不以相当大的兵力加强后方防卫，减少了忻口敌军的攻击力量。在此期间，八路军攻克了敌军后方的大批重镇，"雁门关南北交通要道被我部切断，迫使敌人不得不由地上交通变为空中运输给养"。②由于敌军后方交通被切断，补给濒于枯竭，粮秣汽油均感不足，极大地削弱了敌人的战斗力。忻口八路军乘机发起总攻，不但夺回了二零四高地和南怀化，还把两军激战的前线向前推进了数公里。从战略战术上说，就在于消灭敌人（23天内毙伤日军官兵2万余人），拖住了敌人（敌方报纸，攻击其将领，以六天未下忻口为耻，后延长守至23天始终未败）。卫立煌见到周恩来时，高兴地说："八路军把敌人几条后路都截断了，对于我们忻口正面作战的军队帮了大忙。阳明堡烧了24架飞机，是战争历史上从来没有过的事情。我代表忻口正面作战的将士，向八路军表示感谢！"③

　　夜袭阳明堡飞机场胜利的消息，通过无线电迅速传遍了全国。那些国民党官儿们开始根本不相信，他们仍说："就凭八路军那破武器还能打飞机？不可能！"可是自从10月20日起，一连几天忻口、太原都没有遭到敌机的轰炸，那些畏敌如虎、胆小如鼠的国民党官儿们方才张口结舌了。

　　夜袭阳明堡，是八路军第129师769团为支援忻口战役而在晋北代县突袭日军机场的战斗。在此次战斗中，769团经过

　　①　李达：《抗日战争中的八路军129师》，人民出版社1985年版，第25页。
　　②　《朱德、彭德怀关于八路军侧击南下日寇之战斗要报（1937年10月）》，转自雷云峰、杨瑞广：《中共中央与八年抗战》，陕西人民出版社1996年版，第205页。
　　③　山西省政协文史资料研究委员会编：《阎锡山统治山西史实》，山西人民出版社1981年版，第233页。

对敌情的周密研究和正确分析后，发现和抓住了日军的弱点，立即定下决心，乘敌之隙，袭击敌人；战斗中，769团发扬近战、夜战的优良传统，在充分准备的基础上，利用夜暗，采取秘密和神速的行动，潜入敌机场，以手榴弹、燃烧弹和机枪火力突然猛烈地投（射）向敌机，使敌机迅速起火燃烧，全部被毁。这一战斗，削弱了日军的空中突击力量，有力地支援了国民党的忻口防御作战，增强了广大军民抗战胜利的信心。

◎ 正太线防御战　娘子关天险设防

娘子关素称天险，雄踞河北山西交界处，是太行山的一个重要关隘。娘子关古名苇泽关，相传唐高宗李渊的第三个女儿平阳公主曾领兵驻守在这里，她的军队号称娘子军，苇泽关也因而被称为娘子关。但娘子关的原址并不在这里，修建正太铁路时，铁路线由苇泽关通过，将这里的车站命名娘子关车站，所以这里便成为娘子关，而原来的娘子关改称旧关。

娘子关位于平定县以东、井陉县以西之正太线上，为晋冀间要冲，是太原的东面门户。

阎锡山在日军占领南口威逼长城以后，着手制定了太原保卫战计划。他原以为晋东山高路险，易守难攻，若要进攻山西必先占领石家庄，而国民党第一战区在此驻有重兵，坚持数月不成问题。他没有料到保定失守后，仅仅十天石家庄就落入敌手。因此将其主要作战方向定为晋北，设重兵把守。而晋东以娘子关为中心，北至龙泉关南至九龙关、马岭关的150多公里宽的正面，仅有五个师防守，显得十分单薄，顾此失彼。10月6日，毛泽东致电周恩来等，让其提醒国民党当局：敌占石家庄后，将向西面进攻，故龙泉关、娘子关两点须集结重兵，实行坚守，以使主力在太原以北取得胜利的关键之一。负责指挥正太线防御战的第二战区副司令长官黄绍竑于10月10日由太原进娘子关前线指挥作战，看到兵力薄弱，即调整兵力部署，准备迎击日军的进攻。

▲娘子关中国守军

10月11日，日军进到井陉。黄绍竑急令右翼第三军向娘子关靠拢，军主力集结于大、小梁江正面防守的第17师派队向井陉以东之南河头警戒，第30师在南陉警戒。两师警戒部队于11日下午刚到井陉，就与日军接触，激战至12日晚，日军突破井陉之刘家沟阵地，并占领井陉。守军第17师主力占领井陉与娘子关之间的雪花山、乏驴岭、荆蒲兰一带高地阻敌。

娘子关外的前哨战展开以后，黄绍竑十分着急。因为二十七路军和第三军等部队尚在转移与占领阵地中，战区前线指挥部同所属各部队之间的指挥体系尚未完全建立。幸好第17师已经占领娘子关阵地，师长赵寿山抗战意志坚决，可以信赖，但能否顶得住日军的攻击，仍使黄绍竑担心。

10 月 11 日晚间,黄绍竑亲自给娘子关的赵寿山师长打电话询问情况。赵师长报告说:"职师派往井陉的警戒部队已经撤回到雪花山阵地,井陉已失。敌人有 1000 余人已进到雪花山前,判断今晚或明日凌晨向雪花山我军阵地攻击。"

"雪花山阵地能否守得住?"

"守得住。部队情绪旺盛,请长官放心。"

赵寿山率领的第 17 师,在娘子关正面防守,困难是很多的。首先,部队经过平汉线的作战,有相当大的损失,虽士气尚高,但战斗力有所削弱。其次,军需品供应存在着相当大的困难。部队从陕西进入河北前线以来,主要靠所携带的军需物资维持。在平汉线作战中,第一战区虽有所补充,但为数很少。现在归第二战区供应,一时还没有接上关系。还有,娘子关地区虽然崇山峻岭,易守难攻,但此地多是石头山,构筑工事困难。原有零星防御工事,不成体系,且不太适用。部队占领阵地后,赵师长严督各团加修阵地工事,但山石坚硬,很难挖掘。部队设法购买麻袋,装土堆砌掩体。这些临时工事,很难抵御日军重炮的轰击。可是尽管困难很多,赵师长从不提及。

雪花山是娘子关与井陉之间的一座石头山,正太铁路由北面山脚下通过。它雄踞在入关的通道左侧。占据此山,就可以防止敌人直接向娘子关城攻击。赵师长命第 102 团扼守此山。

10 月 12 日晨,日军第 77 联队第一大队向雪花山守军阵地发起攻击。在步兵发起冲击之前,先以两个中队的山炮集中轰击山沿守军阵地工事。大量炮弹倾泄在守军阵地上,山石飞溅,硝烟弥漫,阵地多处被毁,接着日军步兵发起冲击。守军沉着应战,日军第一次冲击迅速被击退。日军又接连组织了数次冲击,但直到中午,日军仍未突破守军前沿阵地,却在阵地前遗尸累累。

当日午后，日军第77联队长鲤登行一亲自到达前线指挥作战。下午2时，鲤登命第一大队继续攻击雪花山，而他指挥第二大队沿雪花山南麓之刘家沟、长生口、核桃园向旧关进攻。日军发起攻击以后，以飞机、炮兵轮番轰击雪花山与刘家沟东端守军阵地，而将轰击的重点置于刘家沟方面。在这里防守的第17师101团一个连的阵地大多被毁，人员伤亡惨重。在日军步兵冲击下，阵地失守。接着日军向旧关突进，101团在长生口与旧关之间顽强阻击。攻击雪花山的日军，在守军的顽强阻击下又一次被击退。此后，日军暂时停留在雪花山下与长生口地区，做再度攻击的准备。这时，二十六路军已由太原、寿阳回援娘子关。黄绍竑急令该军第27师占领一〇〇〇高地友南峪阵地，军主力集结在娘子关、寿阳，第10旅向乏驴岭前进，增强左翼防务。

雪花山阵地守军虽然阻止了日军的攻击，但日军一部却突进了长生口，显然是企图由此攻击旧关，从侧面威胁雪花山与娘子关正面守军防线。在此情况下，黄绍竑于当日晚间，令位于右翼的第三军曾万钟所部主力向娘子关方面靠拢，坚守旧关，以策应第17师的正面防御；并命左翼二十七路军冯钦哉部主力向南靠拢，协同第17师作战。

10月13日下午5时，赵寿山师长指挥所部第17师向日军展开反击。

出击部队分为三路。右翼第98团向突入刘家沟、长生口的日军攻击。中路101团，由雪花山麓向板桥片附近出击。左翼为102团2营，向井陉县城实施佯攻。102团主力仍坚守雪花山阵地，防止日军突入。

出击战斗发起以后，右翼98团于晚8时左右，在陈际春团长率领下，将突入刘家沟和长生口的日军包围，并展开猛攻。日军骄横麻痹，在98团攻击下，一片混乱。战至晚10时，日军被大部消灭，一部逃向井陉。左翼102团2营，在团长张世俊率领下，进到井陉县城附近实施佯攻。中路101团，在张桐岗团长率领下出击，在石板片前同由井陉前来增援的日军相遇。该团立即向日军冲击，官兵奋力冲杀，展开肉搏。日军不支，向东逃窜。101团跟踪追击，至午夜，连下施水村、板桥、朱家瞳，进入井陉南关车站，在这里缴获了大批武器、骡马等军用品。

正当各路出击部队正在顺利战斗之际，意想不到的事情突然发生，战局急转直下。原攻击雪花山的日军大队，却趁守军分路出击之机，向雪花山发动攻击。守卫这里的102团团长张世俊，本应率团的主力坚守雪花山，防止日军的攻击，但他未经请示，擅自亲率2营佯攻井陉。雪花山守军两个营放松了警惕，在敌猛烈攻击下，虽与日军进行了顽强搏斗，仍然被迫撤退，雪花山被日军占领。雪花山守军撤退时，中共党员、1连连长张登弟，率领全连坚守阵地，拒不撤退，继续同日军搏斗。最后全连官兵壮烈牺牲在雪花山上，无一生还！

日军占领雪花山后，以炮兵返回来轰击出击部队，向井陉方向逃窜的日军也返转来参战。在此情况下，赵师长当机立断，将出击部队迅速撤回，并对占领雪花山的日军组织反击。

赵寿山师长对于102团团长张世俊的失职行为所招致的雪花山阵地丢失，并影响了出击的胜利，十分气愤。他命令张世俊戴罪立功，组织所部夺回雪花山阵地，并令其他各团支援102团作战。但是，战至14日晨，日军又陆续增加了兵力，并且以飞机、炮兵的火力猛轰，反击雪花山的部队。反击部队伤

▲太原会战中，赵寿山将军率领第17师官兵坚守娘子关。
图为第17师官兵在战场上的合影。

亡严重，雪花山阵地终未夺回。部队撤退至乏驴岭、北峪、荆蒲兰一线防守。日军趁此同时夺占旧关。

第17师的出击与雪花山阵地的丢失，赵寿山师长真实地向总指挥部作了报告。黄绍竑追究雪花山失利之责，命对张世俊军法从事。赵师长便将张世俊就地处决，以正军法。

13日晨，突破刘家沟之日军攻击旧关。在这里防守的是二十七路军工兵营。该营阻敌攻击至下午2时，后撤至旧关西侧高地，日军占领旧关。

◎ 娘子关失守

10月21日，孙连仲命令89旅增援第30师；令第7师占领大小梁江及红土岭阵地。该师主力位于核桃园南端高地；第三军之第12师占领红河西端九八五高地西端；第31师占领神仙洞、好汉池阵地；第27师占领核桃园北端小龙窝、北沟、张家窊南段铁路线阵地；第 30 师占领张家四、妒桥岭阵地。

22 日晨，日军集中飞机、炮兵火力向一高地守军第 27 师阵地猛攻，该阵地当即被突破。同时，北峪以北贵泉村阵地也被日军突破，日军已进到地都附近。旧关之日军亦已到苇泽关附近，第 30 师阵地被日军全线突破。阎锡山于当日晚电孙连仲："该部奋勇杀敌致多壮烈牺牲既惜且佩，希仍督令努力固守阵地。"孙连仲接电后，立即回电求援。阎锡山即电令由四川北上入晋参战的第二十二集团军第 122、124 两师迅速乘正太车开往娘子关。23 日，日军左纵队由横口车站渡河，而后向西南前进。24 日，该敌由南障城、测鱼镇方面企图迂回守军右翼阵地，在七亘村与八路军第 129 师 386 旅一部发生冲突。25 日，守军将过于突出之第三军右翼固兰村的部队向娘子关靠拢，主力控制于固释镇。以新到之第 122 师占领马山村东方高地。日军趁第三军右翼部队转移，第 122 师尚未到达马山村之际，突入乱安村，攻击固驿镇右侧背。

26 日，日军猛攻固驿镇南端高地，在该地防守之第三军部队与刚到之第 122 师，受到日军攻击的强大压力。由于日军左纵队已进入娘子关守军侧后，所以，黄绍竑经阎锡山同意，将娘子关一线守军后撤。除第二十六路军留一小部守娘子关外，主力退至巨城镇，移粮镇之线，然后由柏井驿、桥头村，协同新加入战斗之川军第 124 师一个旅推进至石门口，准备对敌反击。至此，娘子关一线防御战斗即告结束，部队按命令向后转移。

10 月 27 日，娘子关地区守军按照后撤命令调整部署。日军第 20 师团便将左、右两个纵队改为左、右追击队，以阳泉为目标发动追击。阎锡山已无兵力可调正太线，致电八路军朱德总司令，着第 115 师及第 129 师速开往阳泉，归黄绍竑指挥。当日晚，日军追击部队一部进至移粮镇附近。

◎ 八路军英勇阻敌

1937 年 10 月 19 日，阳明堡战斗打响的当天，刘伯承赶到平定县城以东的马山村，与前一天开到的 386 旅会合。他准备率该旅侧击进犯娘子关的日军，支援防御娘子关正面的国民党友军作战。

刘伯承立即召集营以上干部开会。他首先简要介绍了太原会战东西两个方向的战况：忻口友军顽强坚守，日军攻势受挫；娘子关外日军正集结重兵企图一举突破。接着，他交代了 386 旅的任务是在娘子关以南待机，准备侧击可能从右翼迂回的日军。他通俗地解释了"侧击"的意义和方法："日本鬼子人多装备好，很愿意跟我们硬拼。可我们偏不这样干，而是打它的侧背。大家一定都懂得这样的道理，对付大人的欺侮，小孩子只有找机会躲在门背后，等他过来，就乘其不备地给他迎头一棍。我们目前就是用的这一打法。"他还结合平型关战斗讲到了作战的组织指挥：秘密而周到的准备，迅速而突然的动作，侦察清楚，地形选择好，抓住日军狂妄、疏于戒备的弱点，采用伏击方法，兵力部署和运用都要恰当，发挥近战和英勇果敢的特长，就可以克敌制胜。

21 日，刘伯承赶到娘子关以南的柏井第三军指挥所。军长曾万钟向他介绍说："沿正太路西犯的是日军第 20 师团，只有第 109 师团从高邑向昔阳迂回。娘子关一线进行防御的是二十六路军、二十七路军和第三军。日军第 20 师团避开娘子关正面阵地，集中兵力和火力向右翼的新关猛攻。新关守军凭借窑洞式半永久性工事和钢骨水泥永久性火力点进行防御，予敌以重大杀伤，娘子关的守军随时准备出击支援。这样部署，日本是难以从娘子关突破的。"刘伯承对曾万钟说："日军不攻旧关而攻新关，看来它是研究了娘子关倚壁临渊、易守难攻的特点的，想来个避实击虚。现在既然发现新关也不易得手，它很可能还会往南迂回。新关以南的石门，位于防御主阵地的右翼警戒线上，必须火速派兵占领，严防日军偷袭。"曾万钟并没有接受刘伯承的建议。果然不出刘伯承所料，日军在新关攻击失利后，派出第40旅团五个大队进行右翼迂回，从井陉方向迅速占领了石门。

日军在娘子关右翼的迂回行动，震动了娘子关防御前敌总指挥部，他们马上派出二十六路军一部到东、西回村一带阻击日军。日军从石门一线发起猛攻，25日突破东回村南北一线阵地，国民党守军溃散。曾万钟见形势危殆，率第三军指挥所撤回旧关。娘子关的侧背完全暴露在日军的攻击矛头之下。刘伯承判断：日军为了切实控制正太路南的平行大道，必然加紧从井陉至平定的小路运兵运粮。他决定按原计划在七亘村打一仗，钳制日军的迂回进攻，掩护娘子关友军。七亘村是理想的伏击战场，它是井（陉）平（定）小道的必经之地，从七亘村往东到石门，正好是十里峡谷，谷深数十米，底宽不足3米，地势十分险峻。刘伯承经过实地调查，选中了这个伏击阵地，随即命令772团3营进至七亘村附近待机。

次日拂晓，测鱼镇日军的辎重部队在200多名步兵的掩护下，向西开进。9时许，日军进入伏击区。772团3营放过敌人的前卫部队，向它的本队突然发起火力袭击。地形选得实在太便利了，陡坡顶上的机枪、步枪"哗哗"地往日军的人堆里倾泄着子弹，手榴弹只消打开保险盖，垂直往下放。日军顿时像炸了窝的马蜂似的乱碰乱撞，死的死、伤的伤，有不少被挤下了深沟。一阵短促猛烈的火力袭击后，战士们随着喊杀声，奋勇跳入敌群，与日军展开了白刃战。有几名日军被战士们压到了断崖边，战士们边喊边示意他们缴枪投降。日军不理睬，端着刺刀反扑上来。战士们毫不留情地击毙了他们。两个多小时后，枪声、喊杀声渐渐沉寂下来。日军除少数逃回测鱼镇外，其余全部被歼。

当天，刘伯承得到情报：正太路西段的日军正向东运动，娘子关右翼的日军也正继续向旧关抄袭。他很清楚日军的意图是急于打通正太路，从背后威胁太原。据此，他判断七亘村仍然会是日军进军的必由之路，因为舍此别无通道。再从日军目前的作战特点来分析，他们屡胜之后骄横得很，会向预定的目标执拗地突进，毫不理会一些小的损失，况且根据"用兵不复"的原则，他们万万想不到八路军会在同一地点重复设伏。于是，我军断然决定还在七亘村给日军一个突然打击。

▲第 129 师七亘村伏击战

　　为了迷惑日军，当 27 日日军派兵到七亘村来收尸时，刘伯承让 772 团主力当着日军的面佯装撤退，造成七亘村无兵把守的假象。实际上 772 团 3 营绕了一圈又返了回来，集结在七亘村西改道庙公路南侧山地里。28 日晨，敌人的辎重部队果然循原路过来了，前后有 100 多名骑兵，300 多名步兵作掩护。他们毕竟吃过亏，一路加强了搜索警戒，遇有可疑处便发炮轰击。到了七亘村附近，他们更加小心翼翼，朝村里村外进行了反复的炮击。772 团 3 营的指战员们隐蔽在灌木、草丛和石洞里，沉着镇定，不发一枪。11 时许，日军进入了伏击地域。我军的机枪、步枪一齐响了起来，组成了严密的火网。这次日军已有精神准备，一遇打击便就地组织抵抗。3 营在兵力不占优势的情况下，仍英勇出击，将日军截成两段。由于负责增援的 2 营因天雨路滑，没能按时赶到，因此 3 营没能将敌全歼。战至黄昏敌人乘夜色朦胧，突围而出，一部向西逃往平定，大部向东退。这次伏击，击毙日军百余名，缴获骡马几十匹。这次战斗，牵制了敌人，将困在旧关以南的曾万钟部 1000 余人，从敌人的包围中解救了出来。

　　第 129 师的两个团无法挡住数万日军的强大攻势，他们的积极战斗只能最大限度地起到牵制、迟滞敌人的作用。就在七亘村第一次伏击战的同一天，日军攻占柏井，威胁娘子关与旧关国民党守军的侧背。娘子关防线上的国民党十三个师惧怕后路被切断，争相撤退。日军乘势尾追，29 日占领平定，30 日占领阳泉，11 月 2 日占领寿阳。娘子关的陷落，使忻口守军陷于腹背受敌的困境。坚守了 23 天的忻口，于 11 月 1 日放弃。晋北、晋东战局陡然恶化。

　　10 月底，八路军总部为了加强打击沿正太路及其南侧西犯敌人的力量，率第 115 师主力和第 129 师 768 团由五台地区南下，进至寿阳以南地区。10 月 30 日，刘伯承率 386 旅进至昔阳以东地区，准备侧击经九龙关西两犯昔阳的日军第 20 师团。侦察报告：日军第 20 师团正沿九龙关大路进犯昔阳，它属下第 126 联队的一个大队将从南侧小路迂回策应。刘伯承查对地图，目光停在昔阳以南的南界都、北界都和黄崖底一带。这一带地形复杂，正是伏击好阵地，特别是黄崖底，它的位置，正卡在河谷里，离大路很远，敌人又只有一个大队。刘伯承命令 771 团主攻，772 团掩护准备向伏击地域开进。11 月 1 日，刘伯承把师指挥所开设到黄崖底附近一个山顶的后侧。在这里伏击，视野开阔既便于隐蔽，又利于防守。相反，敌人在狭窄的沟底无法展开队形和火器，只能被动挨打。

第二天，太阳刚刚露头，日军从南界都方向出现了。771 团按预定计划，派出一个小分队向日军突然射击，吸引日军。小分队打一阵，走一阵，直把日军引到风居村前，自己则退到村西北高地扼守。日军恼羞成怒，组织力量轮番攻击，但都被打了回来。日军久攻受挫，变得十分沮丧和疲惫，午饭时，他们撤到黄崖底河滩集结，休息吃饭。

刘伯承见时机已到，下令开火。全线的枪炮一齐轰鸣起来，771 团正面纵射，772 团侧面斜射；铺天盖地的交叉火力网罩向敌群，正端着饭盒的日军被打得蒙头转向。

不一会儿，日军集结全部人马和火炮发动反击。暴雨般的炮弹倾泄在 771 团前沿阵地上，黄土都翻了过来。771 团的战士们机灵地疏散到一旁。日军以为前沿阵地上的八路军都打光了，步兵嗷嗷喊叫着往坡上冲。战士们跳到被炮火毁坏的掩体里，甩出一排排手榴弹，炸得鬼哭狼嚎的日军又退回了沟底。

由于直上直下的陡坡不利于出击，加之兵力对比上 386 旅也不占绝对优势，用近战手段彻底消灭黄崖底的日军已不可能，但给日军以最大限度的打击是完全必要的。刘伯承下令："集中全部火力，猛烈杀伤敌人！"坡顶上两个团的迫击炮、轻重机枪重又交错着响起来，组成了一阵急促的弹雨，打得敌人抱头鼠窜。20 分钟后，刘伯承下令停止射击，部队迅速撤出了战斗。

这一仗，共毙伤日军 300 余人，骡马 200 余匹，386 旅仅伤亡 30 余人。

日本对这仗所受到的打击，异常惊恐，犹如谈虎色变。一个日军随军记者曾为这一仗写过专题报道，他用"过天险黄崖底"这样醒目的标题进行了描述。日军第 109 师团按照由平定、昔阳迂回榆次、太原侧后的计划，继续西犯。黄崖底战斗的当天，第 109 师团进到了昔阳以西的马道岭地区。八路军第 115 师主力决定在日军前进方向的广阳设伏。11 月 4 日，第 115 师主力在广阳伏击第 109 师团的辎重部队，经四小时激战，歼敌近千人，缴获骡马 700 余匹，步枪 300 余支及大批军需物资。这时候，徐向前副师长率 769 团开到昔阳附近，第 129 师的三个团胜利会师，刘伯承、张浩跟徐向前高兴地握手，后取道龙泉河河谷，经上龙泉转去寿阳。

从七亘村到户封村，刘伯承指挥第 129 师接连进行了四次胜利的伏击战。以后，他把这些战斗称之为"剪接的待伏"。第 129 师和第 115 师在广阳、户封等地的伏击战，予敌以严重打击。迟滞日军第 109 师团的行动达一周之久，从而援助和掩护了防守娘子关和忻口地区的国民党友军安全撤退到榆社、平遥和汾河西岸。刘伯承的出色指挥受到国民党友军的钦佩和赞赏。由豫北调来山西准备布置榆次防御阵地的国民党第二十军团司令汤恩伯，途中见到大批溃散败兵南下，风闻日军已兵临太原城下，率部开到榆次就不敢前进了。11 月 4 日，他专门打电话给刘伯承:"刘师长,你们那里的情况怎么样?沁州方向、西河底有敌人来,对我们左侧背威胁很大呀!""我们师的司令部就设在西河底,你的右侧背很安全。"刘伯承回答。"我的右侧背有没有情况呢?""你尽管放心,右侧背也没有敌情。从六河沟到石家庄,从石家庄到太原,都有我们的部队。""刘师长,日前战局混乱,我想听听你的高见能否请你到榆社来一叙。""好的,我一定前来请教汤将军。"11月18日,刘伯承和张浩到榆社会见汤恩伯,一见面,汤恩伯就欣喜地说:"你们的游击战打得好啊!日本人吃不消,它的攻势被挡住了。""只要大家齐心协力,日本人是可以打败的。"刘伯承话中有音。

晚饭后,刘伯承、张浩向汤恩伯介绍了八路军出师以来的作战情况和初步经验,深刻剖析了举国一致、全民动员是战胜日本的根本之途,力劝他尽守土之责,要打不要退。汤恩伯口里只是说:"承教,承教。"第三天,就率部退到长治、晋城去了。

28日,日军一部攻占守军第17师东小麻、会礼村阵地,并尾追撤退部队进占巨城镇。在移粮、石门口一线,日军亦展开猛攻,守军阵地多处被日军突破。当日中午,蒋介石电令正太路守军在寿阳以东地区坚持抗战待援。虽有严令,但从28日起,各部在日军追击下,只能节节抵抗,节节败退。事实上守军已被日军全线击溃,伤亡惨重。这时虽有川军一部增援正太线,但也不可能扭转溃退的局势。截至30日止,部队已败退至寿阳附近。日军于29日占领平定,30日占领阳泉。蒋介石令第一战区抽出汤恩伯军团参加晋东作战。第一战区的汤率第十三军经涉县、昔阳向乎定前进,攻击日军侧背。但这已成为"远水近渴"了!

11月1日，正太路方面守军全线溃乱。2日，日军攻击寿阳，守城部队因与敌众寡悬殊，于当日晚间突围出城。寿阳为敌占领。同日，日军昔阳支队进入晋阳城。这时，黄绍竑作为正太线方面防御的指挥官，发出了最后一道命令，将溃退的残余部队后撤至太原外围东山及其东南地区。

太原保卫战

◎ "依城野战" 守太原

太原是山西省首府，由于娘子关方面作战的失利，使太原危在旦夕。阎锡山为集中兵力固守太原，遂决定忻口守军全线撤退。

阎锡山于 11 月 1 日下令忻口守军撤退以后，于 2 日在太原集高级将领召开军事会议，确定保卫太原的方针是："利用太原四周既设阵地线，实行依城野战，以阻敌前进，消灭其兵力，待我后续兵团到达，再施行反攻夹击而聚歼之。"① 即"依城野战"的方针。傅作义指挥第三十五军等部队守城，其余由忻口和娘子关撤退下来的部队，占领太原东山和西山依城野战，配合太原守城部队消灭进犯日军。这时，由东、北两个方向上追击的日军已到太原近郊。东线日军先头部队于 4 日进至太原东南约 17 公里的鸣谦镇，并占领榆次；日军另一部向介休方向追击。北线日军也于 4 日越过石岭关向南追击。担任守城的第三十五军等部队，这时仅有少部进入太原城内占领阵地，大部尚在由忻县方向撤退中。各野战部队也均在纷纷后

---

① 中国第二历史档案馆编：《抗日战争正面战场》（上），江苏古籍出版社 1987 年版，第 543 页。

撤。实施所谓"依城野战"的作战布置，实不可能。撤退下来的部队毫无喘息机会，守城部队仓促入城，防守太原的作战计划，从决定时就孕育着失败的种子。在这种情况下，欲取得保卫太原的胜利，当然是十分困难的。

对于太原的守卫，周恩来一直非常关注。还在忻口战役刚刚开始的时候，即于 10 月 12 日向阎锡山等建议，必须转变作战方法，力争在忻口等地区求得小胜利。并指出，保卫太原，必须背靠山地，在野战中求胜利，不应以多数兵守城，或正面堵击。在太原军事会议上，周恩来对受领守城任务的傅作义说："我愿代表中国共产党，还有全民族，诚恳地对你说一句话：抗日战争胜利的基础，在于广大人民群众之深厚的伟大力量，请你保重。"① 之后，周恩来一直坚持到 11 月 5 日夜，才和八路军驻晋办事处最后一批人员撤离太原。

▲1937 年 10 月，中国军队步出太原古城，赴前线杀敌。

---

① 中共中央文献研究室编：《周恩来传》，解放军出版社 1989 年版，第 383 页。

◎ 阎锡山金蝉脱壳

11 月 4 日晚，阎锡山在太原绥靖公署再次举行会议，讨论保卫太原的问题。这次会议除有卫立煌等忻口撤退下来的高级将领外，由娘子关撤退下来的黄绍竑、孙连仲也参加了会议。会上阎锡山说明了保卫太原的重要性和他的"依城野战"的部署。在讨论时，黄绍竑反对阎的"依城野战"的作战计划，主张以守城支持野战部队的休整。孙连仲、卫立煌支持黄的意见。会议上黄绍竑同阎锡山相持不下，其余的人都是在战场上多少天未睡的，就在会议厅打起盹来。会议开到了午夜 1 点多钟仍无结果，最后阎锡山说："军队已经行动了，要改变也无从改变了。"原来阎锡山打电报、开会的同时，已将他的命令下达到各部队总司令部。阎锡山说完上面那两句话之后，就对朱绶光、楚溪春、赵戴文轻轻地说："咱们走吧！"他们就离开会议厅了，有些人还睡着不知道呢！楚溪春对阎说："还未宣布散会，会上的将领还不知道呢！"阎说："不用管了。"不久电灯忽然灭了，不仅太原绥署漆黑一团，整个太原城也没有半点灯光。阎锡山就这样悄然地离开会场、离开太原南逃了！而就在这天，阎锡山给卫立煌发了这么一封电令："兹委该总司令兼为第二战区前敌总司令，所有第二战区各部队（第六集团军、第十八集团军在外）统归贵官指挥，并与第十八集团军随时协商作战。除报大本营及分电各部队外，仰即遵照。"敌人大军压城，太原危在旦夕，部队纷乱，局势无法收拾的时候，阎锡山让卫立煌出来收拾这个烂摊子！国民党内部如此钩心斗角，战争不败是没有道理的。新任前敌总司令卫立煌，鉴于当时部队残缺，纷纷南撤，日军已逼近太原城郊的情况，认为实施"依城野战"的计划，占领城郊东、西两侧山地阵地十分困难。因此他将所属第十四集团军一部置于太原城东沙河以北敦化坊、松树坡地区，主力集结在太原西郊及西南郊汾河西岸东社、吴家堡、东城角一带。6 日，卫立煌下达了"为暂避与敌决战，以一部固守太原城，主力即向太谷、交城之线整顿补充，待机回歼深入晋中之敌"的命令。于是由北线撤退下来的部队纷纷向交城地区撤退。东线部队事实上已经自动向太谷、平遥及晋东南撤退。卫立煌交给傅作义"相机撤退"的手令，并对傅说："你现在是受命于危难之际，不过我看太原是无法固守下去的，从全局看问题，还以因时制宜为是，必要时，需要撤就撤。撤出太原的责任由我来负好了。"

▲增援太原的中央军主力

◎ 太原城垣战斗

11 月 7 日，日军积极进行对太原城发动总攻的准备。采取中国古代兵法中所经常运用的"围三缺一"的方法，就是将太原城三面包围，将主力置于城东北方面；西面以一部兵力将汾河桥截断；城南 10 公里内不部署军队，给守军留一条撤退之路。虽然不能全歼守军，但可争取夺取太原的时间。北城外的日军利用关厢建筑物，东门外日军利用丘陵地形，同时接近了城垣。日军另一部占领了南门外火车站，又以一部兵力西渡汾河，企图占领汾河桥与河西岸阵地。日军飞机向构筑工事的守军实施轰炸；炮兵向城垣守军阵地和城内轰击。至下午 8 时，守军在城外的警戒部队已大部撤入城内，参加守备城垣。这时，傅作义乘汽车视察了守城各部队，并分送了慰问品以鼓励士气。在日军对太原北城、东城城垣发动全线攻击后，日军炮兵便集中火力猛轰城东北角。这时，日军数架飞机也轮番向城东北角空投重磅炸弹。守军炮兵也向日军炮兵阵地还击，但因火力有限，压制不住日军大量炮兵火力的袭击。城东北角很快被轰开了一个缺口，砖土向城内外倒塌，形成了斜坡。日军步兵在坦克、装甲车掩护下冲了上来。在城东北角防守的 419 团拼力堵截，将山西兵工厂生产的大号守城用手榴弹投向敌群，日军死伤累累。可是，日军不顾伤亡，继续由豁口向城内冲击。守军奋起与日军展开肉搏，双方伤亡甚众。419 团团长袁庆荣负伤，耿震东营长阵亡。冲入豁口的部分日军沿城墙向436 团防守的小北门城楼攻击；另一部冲入城内与 436 团在小北门内发生巷战。在小东门上防守的 422 团，为防止登上城墙的日军南窜，以一部兵力对日军堵截。日军炮兵这时向小东门城楼轰击，城楼木柱被炮弹击中起火，烈火、浓烟迅速冲向天空。在此激战的重要关头，422 团团长王雷震向 211 旅旅长孙岚峰建议，将旅预备队投入战斗，进击由城东北角突入之敌。孙旅长接受建议，指示 421 团 1 营、422 团 3 营和 419 团一部，由王团长指挥，对突入城内的日军实施反击。奋勇队在王雷震团长指挥下，对日军展开反击。率领 422 团奋勇连的是安春山营长。该连首先冲上东北角城头。排长曹学诚身先士卒，指挥全排士兵与城上日军搏斗，毙敌数十名，击退了城上的日军；一位士兵拔掉了插在东北城角上的日本太阳旗，并将旗踩在了脚下。在 422 团奋勇队在城上与日军搏斗时，其他奋勇队有的也冲上了城头，有的在豁口处堵截由城外继续企图入城的日军。经过激烈的战斗，终于将阵地完全收复。在反击城东北角日军的同时，422 团另一部攻击窜入小东门内以北的同蒲铁路管理局和国民师范学校的日军，并迅速将这股日军歼灭。同时，在小北门内巷战的日军也被 436 团消灭。至此，守军所失城内阵地全部收复。入暮时，日军完全停止了对太原城的攻击。

◎ 太原失守

11 月 8 日上午 8 时，日军按照原定计划向太原城发动总攻。总攻开始以后，日军飞机、炮兵对太原北、东两面城垣守军阵地猛烈轰击，同时对梅山、勤远楼、鼓楼等目标也实施轰击。半小时后，日军炮火又集中在东北城角，很快炸开了守军昨晚用沙袋填补好的豁口。在日军炮火轰击下，豁口越来越大。接着日军炮火向城垣豁口两翼及城内纵深延伸，步兵在坦克、装甲车配合下，蜂拥冲向豁口。守军虽受到日军炮火的压制，并有一部分官兵伤亡，但仍顽强地向日军射击。豁口坍塌的斜坡上敌尸累累。可是，日军批批向豁口冲击，终于冲入豁口，进入城内与守军展开巷战。紧要关头副军长曾延毅逃跑，引起了守城官兵的士气动摇。因为看到他逃走的人都说："副军长出城走了！""副""傅"同音，人们在混乱中不辨真相，将副军长误为傅军长，很快传开说成是"傅军长逃跑了"，使城内顿时大乱。守卫南城、西城的一些官兵也纷纷逃走。尽管出现了如此混乱的局面，傅作义仍然镇定自若地指挥守城部队作战。日军自从冲入城内以后，突破口不断扩大，后续部队源源拥入。在城东北角内，攻守双方逐渐形成混战局面。在218旅防区日军逐步向小北门及以南地区扩张，与在该地防守的436团逐屋争夺。董其武旅长调旅预备队435团前往增援，与日军反复冲杀。该团3营营长李登明阵亡，官兵伤亡甚众。由于兵力有限，只能采取守势，限制日军扩张。扼守小北门的436团2营，受到自豁口突入的日军的严重威胁。该团以预备队3营投入战斗，支援2营，向日军实施反击。双方在这一地区反复拉锯，日军攻势顿挫。此时，小北门到瓮城，在日军炮兵和飞机轰击下，成为一片火海。日军乘此突击。436团2营组织敢死队对日军冲杀，将日军击退。在211旅防区，激烈的战斗在小东门以北、国民师范以东地区进行。双方展开巷战，伤亡均重。战至中午，双方形成对峙状态。

8日下午，日军从太原城东北角突破口注入了新的兵力。第5师团将师团预备队加入战斗，并向城中心扩张；同时，以坦克、装甲车一部在太原城西沿汾河公路往返巡逻，威胁城内守军。城南日军仍对城垣保持了十多公里的距离，但将城南各主要路口和汾河桥梁封锁，准备随时打击由城内突围的守城部队。城内守军211旅和218旅，经8日上午激烈的战斗，伤亡甚众，已无力消灭突入城内的日军。日军的攻击逐渐延伸至精营、坝陵桥、粮食局及傅作义总指挥部（原绥靖公署）后门外的东缉虎营。总指挥部与各部队已经失掉了正常的电信联系。在这种外援没有希望、反攻没有力量的情况下，固守太原城显然已不可能。可是，傅作义依然不露声色，对于报来的作

▲日军从轰坍的太原城墙处蜂拥而入

战不利的报告，均以"打"字回复。战至黄昏，日军向城内空降大批兵力，四处出击，守军防不胜防。傅作义感到败局已定，为保存有生力量，遂下令守城部队突围。8 日夜间，部队在极度混乱的情况下突围。在全部突出城垣后，向西及西南方向撤退。进入城内的日军第 5 师团，于 9 日将太原城完全占领。日军第 20 师团，同时向位于城西南及汾河两岸的守军攻击。守军未予抵抗便向南撤退。敌人发起追击，于 10 日占领平遥。至此，太原保卫战全部结束。

华北敌后抗日根据地的建立

　　中国共产党对于山西战局的发展是早有预见的。太原失陷了，山西抗战并没有结束，华北抗战并没有结束，而且更加广泛的游击战争在中国共产党领导下开展起来了。第一个敌后抗日根据地——晋察冀军区，已经在太原失陷的前一天，11 月 7 日正式建立。位于晋西北的八路军第 120 师和位于正太路以南的第 129 师，已经在晋西北、晋东南开展了建立抗日根据地的工作。第 115 师也准备按照中共中央军委的指示向晋西转移。

　　11 月 8 日晚间和 9 日凌晨，毛泽东对周恩来和前方各将领连续发出指示：太原失陷后，华北正规战争阶段基本结束，游击战争阶段开始。这一阶段游击战争将以八路军为主体，其他则附依于八路军，这是华北总的形势。抗日战争由此进入了新的阶段。

　　在新的形势下，八路军在华北分为四大块，独立自主地开展游击战争：第 115 师主力由晋东南转往吕梁山，开辟晋西地区；第 115 师政委聂荣臻率一部开辟五台山周围的晋东北地区；第 120 师开辟晋西北地区；第 129 师开辟晋东南地区。抗日根据地的建设由此拉开了序幕。

◎ 晋察冀抗日根据地的建立

兵分两路

　　从 10 月下旬驰援娘子关开始，八路军第 115 师就分为两部分了。当时"分家"的工作很简单，只是确定一下谁跟主力转移去新的地区，谁留下来。这一工作是由罗荣桓同志负责的。聂荣臻对他说，你来分，你公平，司令部、政治部、供给部、卫生部几个部门都由你来决定。哪些人走，哪些人留下来，你有决定权，我不争一个人。罗荣桓对聂荣臻非常支持，他亲自挑选了一些人，留下的同志虽然人数不多，但很得力。聂荣臻对这些同志说，由你们先把各部的架子撑起来。"分家"的时候，总部还没走，聂荣臻到总部去了一趟，左权把总部的副官长唐延杰推荐给聂荣臻。他说，把唐延杰调给你当参谋长好不好？聂荣臻说，好吧，反正没有人，来一个多一个。唐延杰与聂荣臻早就认识，他原来是安源煤矿的工人，北伐军打进武昌之后，他拿着湖南省委书记夏曦的信来找聂荣臻分配工作，聂荣臻介绍他到叶挺的独立团当兵。红军到达陕北的时候，他在红 28 军当参谋长。红军改编为八路军，他在总部任作战处长，以后又任副官长。唐延杰同聂荣臻讲，他胜任不了参谋长的职务。聂荣臻说："你当过军参谋长，怎么干不了？先干起来再说。"当时留下的部队，有师独立团、骑兵营、师教导队的两个队，还有总部特务团的一个营部带两个连以及团部的政治处、供给处。此外，还包括 343 旅派往平山、井陉、平定地区的工作团，第 120 师 359 旅派往平山、盂县地区的工作团，685 团的一个连和孙毅同志带的随营学校，加在一起，总共约 3000 人。这就是开辟晋察冀抗日根据地的全部基础。

▲1937年第115师一部进入五台山地区。图为聂荣臻副师长率领部队进入五台山地区。

在这样一个广阔的地区开展工作，这点力量是很单薄的，特别是缺乏干部。刚分家的时候，机关的同志开玩笑说，要问司令部人有多少，一盆菜就够吃了，一条炕就够睡了。确实如此，司令部就那么几个人，政治部、供给部也只有几个人，一个部门有一条炕就可以挤下。留下的部队和干部虽然数量不多，但都是红军时期的骨干。

"分家"以后，第115师主力南下汾河流域和晋南，聂荣臻和留下的部队在敌后，按照党中央和毛泽东同志的指示，开始部署晋察冀抗日根据地的开创工作。

三大困难

晋察冀根据地的开创工作，经过一个艰难的过程。初创时期面临的形势是十分困难的，主要来自三个方面：

一是政治混乱。1937年11月8日太原失守后，晋察冀地区陷于更加混乱的状态。各县的政权机构实际上都已瓦解。晋东北地区，除五台、盂县两个县政府分别在宋邵文和胡仁奎领导之下仍能执行一些政务外，其他各县政府的人员都已逃散一空。社会秩序极端混乱，散兵流匪乘机作恶，汉奸到处欺骗造谣，人民情绪惶恐不安。那个时候，不少人对国家民族的前途几乎没有了信心，悲观绝望的情绪相当严重。城镇萧条空荡，留下的多是上了岁数的老年人。许多县城都笼罩着死沉沉的气氛，呈现出兵燹之后的荒凉景象，实在令人心酸。当时正是深秋初冬季节，五台山区已经开始飞雪，部队许多指战员还没有棉衣，脚上穿的还是草鞋。部队的给养没有一定的来源，使得负责供给工作的同志很是发愁，常常是顾得了今天，顾不了明天。

二是经济匮乏。运输工具和物资不易筹措。因为一批又一批败退的国民党部队，牵走了大批的驮骡毛驴，拿走了大量的物品。据统计，溃军向五台县要的驮骡总数达六七千头。日本侵略军经过的地方，把当地的物资洗劫一空，给聂荣臻部队的行动造成了极大的困难。要打仗，就免不了有伤亡，而受伤的战士，当时既没有后方医院，又没有充足的医药，连棉花绷带都缺乏。许多伤病员，往往得不到及时的治疗，因而延长了治愈时间。

三是兵力过于单薄。聂荣臻深知，在偌大一个地区，留下的 3000 人是不够的。为了创造根据地，给予敌人更大的打击，就必须要有更多的武装力量。然而，这些力量除了积极发动群众，没有第二条路。但是，群众武装也不能一下子训练成有坚强战斗力的部队。同时，新成立的队伍普遍缺乏武器，所搜集到的国民党军队遗弃的武器也多残破不全。

思想动员

如何战胜困难，渡过难关，完成开创抗日根据地的任务呢？受命之初，聂荣臻首先考虑的是，必须使每个留下来的同志懂得党中央决策的意义，把党中央放手发动群众、组成广泛抗日民族统一战线的意图变为每个指战员的自觉行动。聂荣臻说，所有留下的同志，应该深刻认识到在晋察冀三省边界地区建立根据地的必要性、可能性和艰巨性，只有这样，才能对坚持敌后斗争有必胜的信心。

关于必要性的问题，聂荣臻对同志们讲，这个地区的战略位置非常重要，它位于平汉、平绥、正太、同蒲四条铁路之间。如果我们在这里成功地创建一块抗日根据地，就会像一把尖刀插入敌人的心脏，直接威胁北平、天津、保定、石家庄、太原、张家口等敌人的战略要地。创建晋察冀根据地，有着重大和深远的战略意义。它可以拖住敌人，给以致命的打击，成为敌人的心腹之患；它可以打击和摧毁汉奸组织，使丧心病狂的民族败类不敢猖狂。另外，它也向全世界宣告，中华民族是不可侮的。它不仅现在能配合全国军民进行战斗，以钳制日本侵略军的进攻，而且在将来会成为反攻敌人的最有力的前线阵地。聂荣臻谈道，如果不是八路军出师华北拖住日本侵略军，而像国民党军队那样，一触即溃，让日军长驱直入，日军就可以轻易地从北平进取武汉。

创建晋察冀抗日根据地是非常必要的，大家比较容易理解这一点，最困难的是要解决能不能建成抗日根据地的问题。聂荣臻对同志们说，摆在面前的困难是巨大的，但是，只要我们坚决执行党中央的指示，放手发动群众，组织人民武装自己，就能够克服一切困难。在具体行动方面，我们要在靠近铁路、公路的地方，先开展工作，也就是北向平绥路，东向平汉路，南向正太路沿线发展。对刚收复的涞源、蔚县、繁峙、广灵、灵丘、曲阳、完县、唐县等地，更要积极宣传抗日，组织群众，做好抗击日本侵略军来犯的准备。所到之处，要积极搜集散在民间的武器弹药，按政策筹集粮油，以利独立自主地坚持敌后长期抗战。在作战方法上，要善于多打小胜仗，积小胜为大胜，一般不和日军硬打硬拼。日军侵占一个地方后，不能正面进攻它，但可以扰乱它，可以伏击它。聂荣臻还对同志们强调说，创造根据地，绝不能单从地形上看问题。晋察冀边界地区虽然大山连绵，地形险峻，这是创建根据地的一个条件，但这并不是决定性的因素，决定性的因素是人民群众。创建根据地的可能性，就在于人民群众的支持。在晋察冀地区创建敌后抗日根据地，比在内战时期建立根据地有更为有利的条件。战争的性质变了，社会基础要比那时广泛得多。社会基础变了，我们的政策也必须随之发生较大的变化。首先是要在各地贯彻统一战线、减租减息、合理负担等政策，群众就一定能够发动起来。从全面看，我们比敌人强，而且会越来越强。

同志们有了这样的认识，大家统一了思想，对创建根据地的可能性问题也就基本上解决了。思想政治工作是中国共产党及其军队的传家宝，是无产阶级性质决定的克敌制胜的有力武器。

一开始，在执行政策的问题上，部队领导就注意接受内战时期"左"倾错误的教训，尽量把一切愿意抗日的人们最广泛地团结起来。只要你赞同抗日，支持抗日，我们就团结，就欢迎。由于部队执行了中央的正确政策，所以到后来不论走到哪个地方，都受到人民群众的欢迎与拥护。抗日战争期间，聂荣臻住在冀西山区的时候，经常一个人只带一个警卫员，非常安全。在创建抗日根据地问题上，晋察冀地区建党比较早，在土地革命战争时期，许多地方曾经举行过农民起义，革命的火种一直没有熄灭，这也是有利条件。

▲晋察冀边区人民欢迎八路军

在被隔绝的敌后建立根据地，根据地的人们对面临的困难是有足够估计的。太原失守后，黄敬、邓拓一些年轻同志来到五台山区的时候，聂荣臻同他们谈了很长时间。聂荣臻说，欢迎你们来，但是，你们必须准备吃苦，准备长期地、艰苦地进行游击战争。因为我们是处在敌人的包围之中，四面八方极为便利的交通条件，必然会被敌人所利用。我们搅得敌人不得安宁，敌人也决不会放过我们，要准备在困难的条件下坚持斗争。邓拓同志对聂荣臻说，他们来晋察冀以前，曾经尝了十多种野菜，就是准备来吃苦的。

根据地的扩展——从五台到阜平

太原失守后，日本侵略军占据了正太路和同蒲路，阎锡山撤至晋西，后来又撤过黄河，到了宜川。至此，晋察冀三省边界地区完全被分割在敌后，华北的抗战形势进入了游击战争的新阶段。

（一）成立晋察冀军区。11 月 7 日，即太原失守的前一天，党中央指示正式成立晋察冀军区，任命聂荣臻为晋察冀军区司令员兼政治委员，唐延杰为参谋长，舒同为政治部主任，查国帧为供给部长，叶青山为卫生部长。

▲1946 年美国杂志刊登的聂荣臻向哨兵敬礼

晋察冀军区成立之后，部队仍住在五台山的寺庙里，那些寺庙很大，一座寺庙住几百个人不成问题。

五台山是中国的四大佛教圣地之一，那里有 300 多座庙宇。这些庙宇，分为青庙和黄庙两种，汉传佛寺叫作青庙，藏传佛寺叫作黄庙，和尚和喇嘛加起来有几千名。对于这些和尚和喇嘛，八路军官兵很尊重他们，同他们相处得也很融洽。八路军刚到五台山的时候，进庙之前，他们还奏起音乐欢迎八路军。在日本侵略军的汹汹来势面前，八路军响亮地提出了"与华北人民共存亡""开展敌后游击战争""创建抗日根据地"的口号，坚持抗战，保卫人民，所以得到人民群众的信任和拥护，就连出家人也受到感动。

创建晋察冀根据地，充分借鉴了土地革命战争时期如何建立根据地、巩固根据地、依靠根据地、扩大根据地的斗争经验。

（二）成立军分区。晋察冀根据地留下的部队不过 3000 人，其中主要有一个独立团，一个骑兵营，几个连，还有一些干部。但是，形势的发展对开展游击战争却十分有利。因为日军正集中力量长驱直进，后方相当空虚。八路军必须利用这个有利时机，大刀阔斧地发展，以便打开局面。虽然最初选中了五台山，但并不孤零零地只搞一个五台山，仅仅局限于五台山，当时的着眼点，还是晋察冀三省边界的广大地区。

杨成武率领的独立团，于 10 月初夜袭涞源城，守城日军仓惶溃逃，涞源遂告光复。随后，他们又成功地进行了冯家沟伏击战，以小的代价，取得毙伤 100 多名日军的胜利，并乘胜收复了广灵、灵丘、蔚县、阳原、浑源、易县等县城，开始向平西、平绥路和平汉路北段挺进，在晋察冀边区的北部打开了局面。不久，独立团扩编为独立师，下辖三个团，由 1700 人扩军到 7000 余人，杨成武、邓华分任师长和师政治委员。由赵尔陆等率领的工作团和少数部队，活跃在五台山以西地区，排除了溃败的国民党散兵的骚扰，扫除了发动群众的障碍，使开辟地区和组织抗日武装的工作迅速展开，在晋察冀边区的西部奠定了基础。

由王平等率领的工作团和刘云彪率领的骑兵营，以阜平为中心，在附近各县广泛发动群众，宣传党的政策主张，成立了半政权性质的战地动员委员会，并着手建立农会、青年救国会、妇女救国会等抗日群众团体，发展起若干支抗日义勇军和游击队，把抗日的宣传和组织工作一步步落实到偏僻的山村，使以阜平为中心的晋察冀边区的腹地逐步稳定。

由周建屏和刘道生等同志率领的工作团和小部队活跃在正太路以北的山地。他们在当地党组织的支持下，在平山建立了以平山子弟为主的平山团，并在井陉、获鹿、正定、平定、阳泉、寿阳等地农村，组织起若干支游击队，使晋察冀边区的南部也出现了新的局面。

为了加强各地区的武装和便于指挥，八路军总部决定，立即建立隶属于军区的四个军分区。

第一军分区由杨成武任司令员、邓华任政治委员。所辖区域为雁北、察南、平西、平汉路保定至北平段以西的冀西地区。

第二军分区由赵尔陆任司令员兼政治委员。所辖区域为晋东北和太原以北的晋北地区。

第三军分区由陈漫远任司令员、王平任政治委员。所辖区域为平汉路保定至新乐以西地区及部分路东地区。

第四军分区由周建屏任司令员、刘道生任政治委员。所辖区域为平汉路新乐至石家庄以西和正太路石家庄至寿阳以北地区。

各个军分区不仅有各自控制的区域，还有向纵深发展的活动范围，四周与敌占区接壤的广大地区，就是各自的游击区。这就是晋察冀抗日根据地最初的规模。

（三）重心东移，由五台到阜平。由于八路军高度重视扩大武装力量，饱受国破家亡之苦的人民群众踊跃参军，使晋察冀的武装部队得以迅速发展，各分区都成立了三个相当于团的大队，再加上人民武装配合作战，在很短时间内就使晋察冀三省边界地区的形势发生了巨大的变化，大片国土回到人民手中。根据形势的发展，聂荣臻同军区的几个领导同志商量，军区指挥机关究竟设在哪里比较合适。

▲1939年6月，出席晋察冀军区政治工作会议的主要领导，前排左起：王震、舒同、罗元发、萧克、朱良才、刘道生；后排左起：陈漫远、赵尔陆、马辉之、程子华、王平、彭真、聂荣臻、关向应、邓华、孙毅、许建国（沙飞摄）

　　晋东北这个地方，政治形势比较复杂，阎锡山在这里经营了多年，他的老家就在五台山下的河边村。当八路军部队从原平奔赴平型关的时候，中途就经过河边村。那里修了许多公馆，住着阎锡山手下的一些将军。而且，把军区的指挥机关设在五台，位置也不适中，应该往东，这样就选中了河北阜平，军区领导机关从五台移到阜平。

　　1937年11月18日下午，聂荣臻同军区领导机关到达阜平城。河北的老乡有句俗话，叫作"平山不平，阜平不富"。阜平过去是一个不被人重视的小山城，破烂不堪。现在一变而成为晋察冀新的政治军事中心，城镇也显得有了生气，慢慢繁盛起来，抗战的歌声从沙河两岸传出，充满着新兴的景象。

（四）干部速成学校。根据地的创立，所属部队的扩充和发展，提出了一个亟待解决的问题，就是缺乏干部。四面八方都说"要干部"，没有干部也硬"要"，结果，只好把老一些的战士调给他们当了队长或指导员。即使这样，还不能解决问题。许多同志盼望着后方能给他们输送一批干部来，解决这个燃眉之需。聂荣臻知道，在部队大发展的形势下，到处都缺乏干部，就是后方有干部，当下也不能插翅飞来。因此，决定立即创办一所短期的军政学校来培训一批干部。这所学校的底子是第 115 师随营学校，也是罗荣桓在"分家"时让留下的。军政学校的校长就是赫赫有名的老将军孙毅。经过筹备，军区军政干部学校很快开学了，校址设在距阜平城 30 里的一座喇嘛庙里。那个寺庙很大，大的僧房成了教室，小一点的做学员宿舍，庙前沙河的河滩，是宽阔的天然操场。聂荣臻嘱咐孙毅，这所学校是为培养干部而办的，实际斗争需要什么，学员就学什么，教员就教什么，学校要提倡自觉的纪律，自由的研究精神。来军政学校学习的学员，大部分是山西、河北的中学生和

▲聂荣臻与干部速成学校学员

小知识分子，还有几十个是平津流亡的大学生，另外一部分是部队输送的优秀战士和初级干部。学员们以饱满的战斗热情学习军事知识和政治理论以及党的基本政策。这个学校的头两期，就培养了900名干部，分配到各部队和地方政府。这些学员，很快便成为军队和地方的基层干部。

（五）粉碎围攻，初战告捷。晋察冀军区的成立，大大振奋了这一地区军民的抗战热情。各分区的部队，新建立起来的游击队，四处袭扰敌人，断敌交通，收复城镇，使敌人日夜不得安宁。日本侵略军为保证其后方和铁路运输的安全，在军区成立仅半个月之后，就调集两万多兵力，从平汉、平绥、正太、同蒲等铁路沿线，分八路围攻这个刚刚建立的根据地，企图把它扼杀在摇篮之中。面对猖獗的敌军，军区新组建的部队，除一部分老的骨干力量外，大多数还没有作战经验。但是，战机紧迫，这些刚刚组织起来的抗日武装，由老的骨干力量带领，匆匆开上了迎击敌人的战场。军区司令员聂荣臻根据掌握的敌情，分析了敌军的企图和实力：它这次围攻的目的，是想压迫我军向深山退缩，以保证其交通线的安全，但是，它的兵力不足，地形生疏，又不敢贸然深入根据地的腹心地区。聂荣臻看准了这一点，就电告各军分区把有基础有经验的团队部署在机动位置上，而依靠大量新组建的游击武装对付敌人的围攻，用游击战削弱、消耗和疲惫敌人。当平绥路方面的日军进攻广灵和蔚县地区时，即遭军区部队迎击；平汉路方面之敌从保定、易县向涞源进攻，在易县的大小龙华遭军区部队袭击，仓惶退回易县；同蒲路的日军刚一出动，即遭游击队迎头打击，军区部队乘机袭占原平；正太路进攻之敌，一路大败于清城镇，一路中埋伏惨败而归。

这次反敌围攻，不到一个月的时间，军区部队接连打了几个胜仗，打死打伤日伪军共 1400 余人，缴获了大量武器、弹药、军用品。敌人除占领了根据地边缘地区的几座县城外，别无所获，不得不于 12 月下旬全线撤退。

这次反敌围攻的胜利，使初建的晋察冀根据地受到了考验和锻炼。边区的父老乡亲们用丝帛做成锦旗，奏着笙箫鼓乐，欢迎部队胜利凯旋。

巩固根据地

（一）加强党的建设。一是支部建在连上，加强党对军队的领导。反敌围攻结束后，聂荣臻在阜平主持了全军区部队的第一次政治工作会议。这次会议主要是为解决部队大发展时期的各项重大问题，尤其是加强政治工作和在连队建立党支部的问题。这次政工会议的召开，使各部队普遍建立了党的组织和政治工作，建立了人民军队的各种传统制度，并且清除了混入部队的各种坏分子，纯洁巩固了部队，大大提高了战斗力。

二是建立统一的党的领导核心，加强政权建设。晋察冀军区的成立，使这一地区开创了新的局面，进入了一个新的发展阶段。但是，要建成一个巩固的敌后抗日根据地，还必须建立和健全党的领导机构，成立统一的抗日民主政权，不仅从军事上，还要从政治上、经济上、文化上，形成相当巩固的基础才行。

党中央和北方局对晋察冀抗日根据地的开创工作是非常重视的。早在 1937 年 9 月，八路军刚刚出师华北前线的时候，北方局就决定组成晋察冀临时省委，同出师的八路军部队一起，在晋察冀三省边界地区发动群众。同年 11 月，晋察冀军区成立后不久，中共晋察冀省委也在阜平正式成立了，并在各地成立了与各个军分区领导范围相适应的特委，县以下各级党的组织也先后建立起来。1938 年 4 月，晋察冀省委召开边区第一次党代表大会，北方局派彭真来传达中央精神，指导会议的进程。就在这次会后，为适应根据地建设和发展的需要，按中央指示，将原晋察冀省委和冀中省委分别改为晋察冀区党委和冀中区党委。党的六届六中全会后，1938 年 11 月 9 日，中央政治局通知，成立晋察冀分局，统一领导晋察冀地区的各项工作。1939 年 1 月，为了进一步加强晋察冀边区各方面工作的领导，中央决定撤销晋察冀分局，成立中共中央北方分局，以彭真、关向应、程子华和聂荣臻四人为分局委员，彭真任书记。北方分局的工作是代表中央和北方局对边区的党、政府、军队和群众工作实施全面的领导。1941 年上半年，彭真离开边区去延安后，北方分局又改为晋察冀分局，由聂荣臻任书记，刘澜涛任副书记。晋察冀分局一直保持到抗日战争胜利。

▲1939 年 2 月，彭真在晋察冀抗日根据地。
左起：彭真、黄敬、关向应、王震、聂荣臻。

（二）成立边区政府。根据地的建设，除了及时建立党的组织加强党的领导以外，当时迫切需要的是建立边区政权，以领导和团结全边区人民进行抗战。这样，1938年1月，召开军政民代表大会，正式成立了边区政府。

1937年11月18日，八路军到达阜平的当天，就召集冀察两省各军、政、民领导人交换意见，大家一致赞同组织全边区临时政权机关的建议。这样，在12月5日，阜平城就挂起了"晋察冀边区临时政府筹备处"的牌子。筹备处的主要工作是同各方面交换意见，并决定代表大会召集法。筹备处还派了宋邵文等人，分别到山西、平汉路东及冀西各县接洽，同各抗日部队、抗日团体，各县的"动委会"以及自行成立的抗日机构交换意见。筹备工作得到了积极的响应。各方面交换意见的结果，决定于1938年1月初在阜平召开晋察冀边区军、政、民代表大会。令人振奋的是，筹备工作尚未到达的地区，也拥护这个主张，自动派出代表要求参加会议。

1938年1月10日，晋察冀边区军政民代表大会在阜平城隆重开幕了。出席会议的代表共149人，其中，有共产党和国民党的代表，有各抗日军队的代表，有各抗日阶层的代表，有蒙、回等少数民族的代表，有来自晋察冀三省部分县的"动委会""救国会""自卫会"的代表，并有五台山的和尚和喇嘛代表。

大会的宣言这样写着："为着创立与巩固晋察冀抗日根据地，保持华北游击战争；为着统一与整理晋察冀边区内军事、财政、经济以及一切行政机构，保持持久的必然胜利；为着打击汉奸政权，团结一切抗日力量，争取徘徊歧途的动摇分子，晋察冀边区有成立临时政权的必要。边区代表大会，就在这个意义上胜利地开幕了！"

　　会议之初，在审查与会代表资格的时候，对于五台山的和尚和喇嘛的代表权问题，曾出现过分歧意见。筹备处的个别青年同志提出，和尚和喇嘛是出家人，不必吸收他们参政。参加筹备工作的黄敬、邓拓等同志不同意这种看法，他们的理由是，僧人们组织的"动委会""自卫队"，在五台山拿着刀、枪放哨，为过往的抗日部队提供食宿，都说明他们是抗日的，不能用歧视的眼光来看待他们。

▲1938 年，山西五台和尚站岗（沙飞摄）。

　　这个问题提交给聂荣臻，要聂荣臻最后表态。他说，和尚和喇嘛也是中国人，他们虽然出了家，但并没有出国。在民族革命统一战线之中，我们应该和各民族各阶层紧紧的携手，不分彼此，共同抗日。我们不能因为和尚和喇嘛的宗教信仰不同，便把他们排斥在抗日的门外。一切不同信仰，不同民族的人们，应该有坚强的团结。只要谁不甘心当亡国奴，我们就应该团结他共同抗日，不能存有任何歧视的心理。我们要消灭各民族各阶层间的隔阂，争取中华民族的彻底解放。大家统一了意见，一致赞同和尚和喇嘛作为正式代表出席军政民代表大会。五台山寺院在全国僧侣界是很有影响的，新华社还为此发出快讯，说五台山的和尚也参加抗敌了，动员的口号是："我们出了家，但并没有出国。"这一消息在全国僧侣界引起了强烈的反响。

军政民代表大会开了六天，1月15日结束。会议通过了统一全区的军事、行政、财政经济、文化教育、民运工作等各种决议案，用民主选举的方法产生了晋察冀边区政府——晋察冀边区临时行政委员会。

考虑到国共两党在抗战中的统一战线关系，晋察冀边区临时行政委员会的成立还得到了国民党第二战区的同意，并报国民党中央政府批准。

晋察冀边区政府的成立，是中国共产党正确地执行抗日民族统一战线政策所取得的巨大成果。边区政府成立后，制定和实行了统一的政策。财政方面，由原来合理负担原则下各自筹粮筹款，改为"统筹统支"制度。1938年3月，成立了晋察冀边区银行，发行了边币。全边区一切脱离生产的工作人员，一律按供给制待遇，大家都过着一样的战时艰苦生活。在农业建设方面，公布了《垦荒暂行条例》，制定了《兴办农田水利暂行办法》。在抗战勤务方面，改善了支差的混乱现象，公布了代雇车骡办法、征用人畜办法，建立了军用代办所管理战争勤务。

在党的领导下，边区军、政、民三方面，既有密切的联系，又有严格的分工。党的领导作用，集中表现在对中央的路线、方针、政策的具体执行上。军、政、民三方面，又各有自己的工作范围。当时聂荣臻虽然兼任边区党、政、军三方面的领导工作，但是，始终注意不去包办代替。有一回，国民党行

▲晋察冀边区发行的边币

政院院长孔祥熙派联络员到边区来，要求同聂荣臻商量关于边区政权工作的事情。聂荣臻虽然是边区政府的委员，但是，政权方面的工作主要由边区政府宋邵文主任负责。所以，当联络员提出要见聂荣臻的时候，聂荣臻请他到边区政府同宋邵文主任商量。后来，他们给聂荣臻转送来两支钢笔，上面还刻着"孔祥熙赠"的字样。

晋察冀边区政府的成立，使八路军在华北坚持敌后抗战有了一个坚强的依靠。边区政府成立之后，逐渐结束了各地群众团体、各级"动委会"和"救国会"等机构在过渡时期代替政权的现象，建立了统一的地方政权。它的政治影响，大大超过了边区的界限，使边区政府的政令实施，甚至扩及敌伪所统治的区域。

开辟冀中平原根据地

（一）组织抗日武装。正当八路军在五台和冀西山区发动群众、开创抗日根据地的时候，平汉路以东的冀中平原地区，抗日游击战争也迅速发展起来。

冀中地区是华北比较富庶的地方，大平原望不到边，河流很多，土地相当肥沃。这一带早就有共产党的活动。河北的党组织曾在冀中多次领导和发动了农民起义和学潮斗争。

七七抗战爆发后，八路军开赴抗日前线的时候，共产党派孟庆山到河北组织抗日武装，开展游击战争。孟庆山原是红军的一个团长，河北人，参加过宁都起义。他从延安出发途经太原，又接受了北方局的指示，同河北省委接上了关系，被委任为保属特委的军事委员。根据省委指示，孟庆山在高阳、安新、任丘、蠡县一带我党群众基础较好的农村地区，开办短期训练班，讲解游击战术，培养武装斗争的骨干力量。

（二）改造旧军队。1937 年 10 月，东北军第五十三军 691 团团长吕正操，在国民党军狼狈败退的时候，率领部队回师北上。这支部队进入冀中地区后，对于这一地区抗日武装力量的发展壮大起了非常重要的作用。

691 团的士兵很多是东北人，干部几乎全是东北人。九一八事变后，他们对日本侵略军表现出强烈的民族仇恨。以后流落关内，又处处受到蒋介石嫡系和地方势力的排挤，长期没有立足之地。所以，他们迫切希望打回老家去，抗日情绪一直很高。卢沟桥抗战爆发后，691 团被派到永定河地区作战，后来随国民党军南撤，10 月初到了石家庄东边藁城以南的梅花镇一带。在这里，吕正操与保属特委取得了联系。随后，他根据党的指示，向部队提出了"北上抗日，到敌后打游击"的口号，北进至晋县小据镇。10 月 14 日，吕正操召集团部和两个营在小樵镇举行抗日誓师大会，断绝了同第五十三军的一切联系，站到共产党的旗帜下面，宣布 691 团改称人民自卫军，自任司令员，部队换上了人民自卫军的臂章，继续向高阳一带进发。沿途向群众宣传抗日救国的主张，解决了流窜到这里的一些杂色武装和当地的保卫团，缴枪千余支，开始成为我党直接领导下的一支武装力量。聂荣臻在阜平得知冀中地区留有东北军的一支部队，并且打开了高阳城，就设法与之联系，同时估计到可能是吕正操的691团。经派人了解，果然如此，而且得知我们党已经派比较熟悉东北军情况的孙志远到691团工作。随后，吕正操、孙志远同志也派人向聂荣臻报告了冀中的情况。这样，聂荣臻同吕正操领导的人民自卫军正式建立了关系。

吕正操领导的人民自卫军，虽然属于党领导下的一支部队，但它毕竟是刚刚从旧部队脱胎出来的，还没有经过认真的改造，官兵关系和军民关系都存在着许多问题。同时，他们还缺乏游击战争的经验，不少干部对在冀中平原坚持敌后游击战争信心不足，新扩大来的战士带有较重的家乡观念，部队纪律松散。为了把这支部队训练成八路军式的坚强队伍，聂荣臻提出了调人民自卫军主力到平汉路西整训的建议，得到各方面的一致赞同。

▲吕正操与冀中百姓交谈

　　1937 年 12 月中旬，由吕正操、孙志远率领人民自卫军的两个步兵团、特务营和抗日义勇军的两个支队，共 2300 多人，开到路西整训。其余部队留下，编为游击军，由孟庆山任游击军司令。吕正操他们过平汉路的时候，袭击了定县、新乐和寨西店车站，最后到达三分区的曲阳、王快，部队即留在三分区整训。吕正操和孙志远两人来到阜平，同聂荣臻商讨将部队改编成八路军的问题。吕正操来到阜平后，他向聂荣臻谈道，自己在旧军队中待久了，对八路军部队的许多东西很生疏，要聂荣臻多多帮助他。聂荣臻告诉他：你们挥戈北上和在冀中的工作，已经向中央和总部作了报告，毛泽东同志已经知道了，他很高兴，几时你们去延安，一定会见到他的。聂荣臻见到吕正操后，对他、对人民自卫军的工作，寄予了很大希望。

　　聂荣臻和吕正操在一起研究了人民自卫军的整训工作，审定了军区机关提出的整顿和训练方面的计划。人民自卫军在整训过程中，学习了八路军的传统和作风，学习了发动和组织群众，创建抗日政权的经验。还组织受训部队参观军区部队的训练和建设情况，并将人民自卫军的党的组织和政治机关的组织进行了整理和充实。

　　整训期间，吕正操、孙志远等参加了军区的政治工作会议，在这个会议上具体讨论部署了冀中下一步的工作。在讨论冀中的工作时，聂荣臻谈道，从军区侦察得到的情况来看，冀中地区日军兵力相当空虚，伪军伪组织在许多地方还没有组织起来或者基础很差。日军由于兵力不足，打下一个地方后，留下守备的人数很少，有的不派兵，有的派兵大多也只有班排规模。吕正操等同志也谈到了这个情况。在此之前，聂荣臻曾将冀中敌人兵力空虚的情况向八路军总部和中央作了报告。据此，毛泽东曾指示，要设法在平汉路和津浦路之间的河北、山东两省平原地区开展游击战争，建立根据地。聂荣臻将这个意图在会上传达以后，大家集中讨论了开展平原游击战争的问题。

人民自卫军回到冀中之后，在冀中省委领导下，在河北游击军的配合下，迅速解决了十多股汉奸土匪武装。到1938年2月间，他们又组织北上先锋队，赴河北开展工作，在平、津、保三角地带，展开游击活动。同年4月，人民自卫军和河北游击军并肩作战，胜利地粉碎了日军第一次春季"扫荡"，根据地得到很大的扩展和巩固。西起平汉路，东至津浦路，北至平津路，南达沧石路，整个平原的广大农村，几乎都为抗日武装所控制。各县建立了抗日政权和各种群众性的抗日组织，广泛地动员群众参军参战。这一时期，就是人们所说的冀中抗战的"黄金时代"的开始。

（三）成立党政军统一组织。1938年4月21日，黄敬到冀中安平县主持了中共冀中党的第一次代表大会，研究了统一冀中党的领导，统一行政权和统一部队指挥的问题。这次党代表大会，选举了冀中区党委成员。同时统一整编冀中部队为八路军第三纵队，由吕正操任纵队司令员兼冀中军区司令员，孟庆山任纵队副司令员兼冀中军区副司令员，孙志远任政治部主任。整编和任命，都是根据晋察冀军区的提议，由八路军总部批准的。到5月初，又成立了冀中区统一的政权领导机关——冀中行政主任公署，经过边区政府的委任，吕正操为公署主任，李耕涛为副主任。8月间，聂荣臻委派王平到冀中，任第三纵队政治委员兼冀中军区政治委员。冀中军区下设四个分区，由赵承金、于权伸、沙克、孟庆山分别担任司令员。1939年3月，几位红军干部旷伏兆、吴西、帅荣分配到冀中部队，以后又把王远音调去，他们分别任四个军分区的政治委员。此外，红军干部常德善也于稍后调冀中任八分区司令员。当第

120 师和一些领导同志先后到达冀中以后，1939 年 2 月，根据党中央指示，成立了冀中军政委员会，由贺龙、关向应、周士第、甘泗淇、吕正操、程子华、黄敬、王平、孙志远组成，贺龙任书记，统一领导冀中党政军各项工作。这些决策，都为巩固和扩大冀中抗日根据地，作出了强有力的保证。

▲1938 年黄敬（右）与孟庆山在冀中合影

就这样，冀中区作为晋察冀根据地的一个重要组成部分，初步建成了。冀中区的建立和巩固，为山区根据地的发展提供了人力、物力的支援，是我军在敌人心脏里建起的一个抗战堡垒。它同冀东、北岳、平西、平北根据地相互配合，形成了对华北主要交通干线和中心城市北平、天津等地的战略包围，从而更有力地钳制了敌人，长期坚持了华北的游击战争。

冀东的开辟与反复

抗日战争初期，党中央就已经开始注意冀东地区了。

冀东地区地理位置很重要，历来是兵家必争之地。那里平原多，丘陵也多，农业很发达，矿藏十分丰富，是一个相当富足的地方。正因为冀东处在一个咽喉要道的战略位置，所以，日本侵略者占领东北三省后，为了吞并整个中国，首先就把魔爪伸向了冀东。它的如意算盘是，占领了冀东，不仅可以控制从东北到华北的大陆交通线，而且可以把它作为进一步侵华的兵站基地和军事跳板。七七卢沟桥抗战爆发前后，日军进攻中国内地的兵力和军用物资，几乎都是经过冀东运送的。

还在洛川会议上，毛泽东就以战略家的眼光指出了冀东在抗战中的重要地位。他指示说，红军可以移部于敌后的冀东，以雾灵山为根据地进行游击战争。1938年2月，毛泽东又给八路军总部和晋察冀军区同时发来电报，指示说：以雾龙山（即雾灵山）为中心的区域，有扩大发展前途。但这是独立作战区域，派去的部队须较精干，且不宜过少，军政党领导人员需有独立应付新环境的能力，出发前要做充分准备。并且指示，干部主要由聂荣臻负责配备。根据毛泽东的指示，从红军骨干比较多、战斗力比较强的第一军分区抽调了一部分兵力，由邓华负责，组成了邓华支队，决定进军冀东。

（一）进军冀东。聂荣臻向邓华交代任务的时候，把冀东的情况全面地向他作了介绍。他说，现在冀西、冀中、平西革命的游击战争发展很快，对冀东人民的影响是很大的。特别是冀中，因为紧靠冀东，影响更大。就冀东的群众基础而言，也并不比冀中和冀西差。这个地区早就有我们党领导的工人运动，在遵化、玉田一带农村，也有我们党长期工作的基础。目前，地方党的同志在群众中进行了深入的发动工作，基本群众已被我们掌握起来了。因此，在冀东建立根据地，开展游击战争，是很有条件的。同时，中央也要求我们做好冀东的开辟工作。你们的责任是很重的，要足够地估计到日本侵略军在冀东搞了那么久，是决不会轻易让你们在那里立足的。你们到冀东以后，要紧紧地依靠地方党组织，发动群众，把游击战争开展起来。关键是要在那里牢牢地站住脚跟，打出一个好的局面来。不能到了那里，扩充一些部队，抓一把就走。"抓一把"，是抓不到东西的，同时，那是同我们建立根据地的意图相违背的。

邓华领受任务之后，按照军区的部署，第一步先是开辟平西地区，为挺进冀东取得前进的基地。

（二）发动起义。在一分区部队和游击队的配合下，向平汉、平绥铁路沿线和察南地区发展。邓华在写给军区的报告中说，一路所见，群众抗日情绪很高，所到之处，纷纷自动募捐慰劳我军，有的地方连商会、税务局也给八路军捐款送物资，支持抗日。在群众的支持下，他们打击日伪军，消灭地主土匪武装，发动群众，逐步开辟了房山、涿县、涞水、良乡（今属房山）、昌平、宛平（今属丰台）等地，在一部分县份建立了抗日政权和抗日救国会，扩充了部队，组织了自卫队武装。挺进冀东的第一步，达到了预期的目的，建立了一个可靠的前进基地。在此期间，中共冀热边特委两次派人来联系。一次是到平西找邓华，一次是来阜平找聂荣臻。他们介绍了冀东地区群众发动的情况，谈到那里的工农基本群众已经被吸引到党的周围，开展起小规模的游击活动，唐山的煤矿工人正在进行大规模罢工，群众的抗战热情很高，形势到了"万事俱备，只欠东风"的程度。经过商量约定，在邓华支队进军冀东的时候，在整个冀东地区发动人民武装抗日大起义，来一个里应外合。邓华支队进军的时间，定在这年6月。

1938年5月，中央和八路军总部将在晋西北活动的宋时轮支队调到平西，与邓华支队合并，组成八路军第四纵队，由宋时轮任司令员，邓华任政治委员。第四纵队的建立，为开辟冀东提供了有利条件。进军之前，第四纵队还进行了整训。冀东人民的武装抗日大起义和我军挺进冀东的准备工作，至此，已经基本就绪。这个时候正值日本侵略军准备进攻武汉的前夕，敌后兵力空虚，是开辟冀东的大好时机。聂荣臻要求宋邓第四纵队，首先袭取兴隆，然后，宋时轮率一部向密云、平谷、三河、蓟县方向进击；邓华率一部向兴隆东南遵化、迁安等地进击，以推动冀东武装起义的爆发。冀东武装起义和我军挺进冀东的计划上报中央和总部后，中央和总部很快批准了这个计划。

▲1938 年 6 月八路军宋邓第四纵队的骑兵部队向冀东挺进。

第四纵队 6 月向冀东进军，连战连捷。冀东的老百姓在家乡沦亡了几年之后，看到八路军大部队开来，喜出望外，欢喜若狂。

1938 年 7 月上旬，在冀东地方党的领导下，冀东爆发了轰轰烈烈的人民武装抗日大起义。冀东起义声势很大，发展迅猛，是当时震动全国的大事件，后来经过中外通讯社的广播，曾风闻于世界。那次起义，有丰润、滦县、迁安、蓟县、遵化、昌黎、乐亭等几个县参加。冀东人民武装起义的领导人之一李运昌曾对聂荣臻讲过，各地武装起义相继爆发，规模和气势，大大超过原来的预料。原定成立六个总队，结果，一下子搞起三十九个总队。报名参加起义的总人数突破 20 万，除去老弱，光编进部队的武装战士就有 10 万人。

▲参加过 1938 年 7 月冀东人民抗日武装大暴动的部分战士

8 月，第四纵队和冀东起义的队伍会师于遵化，并且攻克了六座县城，摧毁了冀东广大农村的敌伪政权，还一度切断了北宁铁路。至此，冀东根据地开始显出了端倪。

冀东起义爆发后不久，遵照党中央和北方局指示，河北省委的马辉之和姚依林先后到达冀东，以加强领导。

对于冀东军民所取得的重大胜利，党中央和北方局曾发电祝贺，并对建立冀东根据地提出了要求和期望。

（三）主力西撤。正当冀东军民落实中央指示的时候，9 月中旬，传来日本侵略军要大举"围剿"冀东的消息。在那里开辟工作的一些领导，把形势估计得过于严重，认为在平原不好坚持，起义部队成分复杂，因此，作出了把部队带到平西整训的决定。党中央和北方局，毛泽东、刘少奇以及八路军总部和晋察冀军区都曾去电拦阻，指出：将冀东游击队大部拉到白河以西，是很不妥当的计划。部队不巩固，纪律不好，不能长途行军，危险极大，应尽可能争取在遵化、玉田、迁安地区进行整训，着手建立根据地的工作。只有到万不得已时，才可率主力向白河以西转移，但也要全力建立基干部队与地方工作人员在原地区活动，坚持当地的游击战争。这些指示无疑是及时、正确的。但是，有的同志仍然认为冀东的形势已经到了"万不得已"的时候，决定部队大规模西撤。结果，正如中央在电报中所预言的，部队西撤遭受了挫折，除了作战伤亡以外，由起义群众为主新组建起来的部队，士气低落，发生了严重的离队现象，撤到平西的时候，10万之众的起义军只剩下很少的人数。第四纵队在敌人的围追堵截中也受到了很大损失。

（四）重整旗鼓。部队西撤遭受挫折之后，11月25日，党中央和毛泽东同志又来电指示说，第四纵队深入冀东苦战数月，配合并促成地方党所领导的冀东起义，恢复了冀东的中国地方政权，发动了群众，建立了冀东的游击区，扩大了我军在敌深远后方的政治影响，给敌人以打击，是获得了成绩的。但是没有尽可能地保持并发展这一胜利，没有很好地团结地方党及军队，没有很镇静地应付那里的局面，以致退出原地区，军队及群众武装受到相当大的损失。

这一电报还传达了中央的指示，认为冀热察地区有许多有利条件，是可能坚持游击战争创造游击根据地的，也是有许多困难的，要经过长期艰苦斗争，才能达到目的。因此，决定成立八路军冀热察挺进军。

根据中央的这一指示，1939 年 2 月初，在平西正式组成了冀热察挺进军，由萧克任司令员，并由萧克、马辉之、伍晋南、宋时轮、邓华组成了冀热察军政委员会。随后，成立了由马辉之、姚依林、萧克领导的冀热察区党委，由马辉之任区党委书记。不久又成立了冀东军分区，由李运昌任司令员，成立了冀热察区党委冀东分会，由李楚离任书记。在新的党政军领导机构的领导下，由李运昌、李楚离等在冀东具体组织，逐步进行恢复和发展，冀东抗日游击战争的火焰又重新燃烧起来。

冀东根据地在抗战前期始终是不巩固的，曾几起几落。对于这个问题，北方分局曾于 1940 年 3 月在北岳区召集了挺进军和冀东部分领导同志参加的会议，对冀东起义和第四纵队撤离的问题，作了全面的检查和总结，统一了大家的思想，提高了坚持冀东游击战争的信心。

聂荣臻在会上发言中强调：冀东的位置很重要，中央高度重视冀东的开辟工作，群众基础也很好，地方党的工作是很有成绩的，建立一块巩固的根据地是完全可能的。冀东人民的大起义和第四纵队的挺进，为此付出了很大的努力和代价。经验教训是什么呢？还是那个"抓一把"的思想，想扩充些部队拉起来就走，其结果是，非吃大亏不可。当然，冀东党组织对这样大规模的群众武装起义，事前缺乏足够的准备，事后组织工作也没有跟上，这也是起义成果未能得以巩固的原因之一。所以，开辟一个地区，一定首先要着眼于广大群众，经过艰苦的斗争，把工夫下在建立根据地、巩固根据地这样一个基础上。

▲在党的领导下，八路军和游击队依靠广大抗日
群众的支援，坚持游击战争，创建抗日根据地。

这次会后，冀东斗争形势开始出现了新的面貌。尔后的事实证明，尽管冀东的斗争相当残酷和困难，但是创立一个巩固的根据地是可能的。经过冀东军民长期顽强的战斗，终于实现了党中央和毛泽东所期望的目标，创立了拥有560万人口的冀热辽根据地，建起了一支人数众多的武装力量，不仅成为敌人咽喉地带的心腹之患，而且为日后收复热河，解放东北，准备了突击力量和前进基地。

在创建冀西、冀中、冀东三个根据地的同时，还逐步开辟了平西和平北两个地区。平西地区，共产党早已打下工作基础，抗战爆发后，北平地下党曾组织一批爱国学生，在这里点燃了武装斗争的火焰。晋察冀一分区部队在开辟冀西北部山区的时候，曾活动到这一带。此后不久，邓华、宋时轮、萧克等先后率部挺进冀东时，都相继在这一地区展开工作，逐步发展成为比较巩固的根据地。在平北地区，共产党也长期反复地进行了发动群众的工作，时机成熟以后，单独组成了平北军分区，先由程世才任司令员，以后由覃国翰任司令员，段苏权任政治委员。所辖区域不仅包括平北，而且延伸到了冀热察三省边界的广大区域。平西、平北地区游击战争的发展，给侵占北平的日军造成了直接的威胁，敌人虽多次出动重兵"扫荡"，企图拔掉这两个钉子，但始终未能得逞。

这样，冀西、冀中、冀东和平西、平北根据地就连成了一片。这就是晋察冀敌后抗日根据地初创时期的大体经过和规模。

◎ 晋东南抗日根据地的建立

1937年11月11日，也就是太原失守后的第三天，八路军总部即作出决定：第129师到晋东南开展游击战争，创造以太行山为依托的抗日根据地。

13日，第129师在和顺县的石拐镇又召开了干部会议，进行坚持华北抗战的动员。刘伯承师长传达了毛泽东主席11月9日给八路军的具体指示和关于第129师创建以太行山为依托的晋冀豫抗日根据地的指示，毛泽东指出："部署纲领，以控制一部为袭击队，大部尽量分散于各要地，组织民众武装为第一要义，红军应在统一战线基本原则下，放手发动人民，废除苛捐杂税，减轻租息，收编溃军，购买枪支，筹办军饷，实行自给，扩大部队，打击汉奸，招纳左翼，进一步发挥独立自主精神。如此做法，期于一月内收得显著成效，以便准备充分力量对付敌向内线之进攻。"

刘伯承用国民党军在全国各个战线上的溃败同八路军三个师在山西的历次胜利作了对比，把在晋东南地区国民党军的溃败和第129师连续取得的胜利作了对比，来说明毛泽东战略思想的正确。

从红军时代以运动战为主，转到以独立自主的山地游击战为主，这是一个重大的战略转变。为了适应这一转变，明确打游击的具体搞法，部队要举办一个游击训练班，把排以上干部轮训一遍，地点当时选定在辽县。

开办游击训练班

辽县素称太行山的屋脊，位于山西省东部，与河北省毗邻。县城在清漳河的上游，太行山的西麓，地势在海拔2000米左右。这一带群众基础较好，此时还较少有日寇的袭扰，是个比较安定的地方。

师部进驻辽县后，所属主力部队立即分遣到同蒲路东侧，正太路南侧和平汉路石家庄至磁县段以西地区展开。

刚进辽县的时候，刘伯承对参谋长李达说："你先带上几个参谋，到县城周围转一转，看看有没有适合办训练班的地方。"

李达一行人在这个小小的县城里作了一次巡礼。城里街道很窄，大房子很少。出城向西，走了5里左右，看到有一个广场，很平坦，长宽各有五六百米的样子。广场西侧，有两排旧房子。一打听，这里曾经是阎锡山屯兵的地方。在广场南边不远，有一个村庄，叫西河头村。村口有一座两进的小院，房子还算不错。房主叫常里岗，是个地主。于是就和房主谈妥，借他的前院驻师部，训练班就在广场举办。

▲1937 年 11 月之后，八路军第 129 师进入晋东南建立抗日根据地。图为前往太行山的第 129 师炮兵部队。

这个前院，有两排房子。里面的三间，是半砖房半窑洞，盖得还算讲究。虽是冬天，屋里还有些暖意，也比较安静，刘伯承和张浩住在这里。

11 月 15 日，师部刚刚在西河头住下，刘伯承就召集司令部和政治部的有关人员，交代抽调人员轮流参加集训的事。他说："今后华北抗战的重担，就要落在八路军的肩上了。我们办训练班是非常重要的。参加学习班的干部，一部分要从已经派下去的游击支队中抽上来，学习完后再回去；再有一部分从主力部队抽，学习完了派下去建立新的支队，或派到已有的支队做骨干。地方上的县、区级干部也要集训一下。你们好好商量商量，作个计划，争取一年内把全师排以上干部都轮训一遍。"

参加集训的学员分成两部分，课程略有区别。部队干部侧重学习如何分散到敌后进行游击战争，如何做群众工作和协助地方政权工作；地方干部则着重学习如何组织自卫队保护人民的生命财产和配合正规军、游击队打击日寇，以及如何组织支前工作。

山西省委的一部分同志也参加了训练班。

在筹备训练班期间，第129师的领导听到了周恩来副主席11月16日在临汾的讲话。他对华北战局的发展作了精辟的分析："目前太原已失，华北抗战能继续么？能持久么？以游击队消灭汉奸，武装民众，以一部轻装部队袭击、截断敌人大道交通，劫夺敌人辎重弹药，并以主力部队在山地寻求敌人一部而消灭之。这是完全有可能的。证以八路军在敌人后方恢复了十四座县城，烧毁了22架飞机，最近又夺回了南怀化，击败了敌人许多前进的部队，就可以相信。"

刘伯承在游击训练班第一期开学典礼大会上，首先向学员们传达了周副主席讲话的精神。然后说："我们党已经提出了'八路军与华北共存亡'的口号，我们是坚决留在华北与日本强盗作战到底的。但是，由于我们人数还少，装备也很差，跟日军打正规战不合算。所以我们今后的作战，要以游击战为主。我们要争取一点一滴的胜利，集小胜为大胜，杀一个敌人，缴一支枪都算数。不到条件成熟的时候，不搞运动战，不要不适时地同日本人打大仗。这对我们来说，是一个战略上的大转折，也是思想上的大转弯。"

"现在，我给你们讲两个日寇如何看待我们的游击战的故事。第一个故事，日军有一个叫伊藤的少将说：八路军'行踪飘忽，出没无常。我前进则彼逃散，我停止则彼出现'，'在广大之中国，到处流窜，不能使其作城下之盟'。大家想一想，如果有的同志不愿意走路，去和鬼子下'战书'，订'城下之盟'，不正是鬼子求之不得的吗!"

"第二个故事，是在榆次缴获的日军文件中，发现一个日本士兵写的家信。他在信上画了一个圆圈，又画了一个小人站在圆圈的中央，小人代表他自己，圆圈代表游击战。这个图的意思，就是说他们已经被八路军的游击战包围，因而不能回家，心情十分苦闷。"

刘伯承师长讲课就是这样深入浅出，通俗易懂。他善于巧妙地引用一些俗话、成语等来阐明一个道理，或幽默辛辣地嘲弄敌人……常常使听他讲课的同志在笑声中受到启发和教育。

游击训练班每期多则一月，少则半月。虽然学习时间很短，但学员们都感到提高很快。有些同志由不愿意打游击，转而积极要求派出去打游击，并以此为荣。

学员毕业以后，就被派到各地，在地方党组织的领导和支持下积极发展壮大游击队。地方干部则回到本地，以区、村为单位，组织群众性的自卫队；有的补充到已经成立的游击队里做骨干。他们刚下去时，往往只带三五个人，或一个班，至多一个排或一个连。经过一个时期的发展，这些游击"种子"就发展成许多游击队，像滚雪球一样，越滚越大。

黄蜂与麻雀

有一天，参谋长李达跟着刘伯承骑马出去，边走边谈训练班的事。正说着：他骑的马突然不安地嘶叫起来。李达的马同时也受惊了，四蹄乱蹦。霎时间，两匹白马拼命向前奔跑。两人使劲抓住缰绳，等到各自勒马站定，才知道刚才有一群黄蜂从后面袭来，落在马屁股上、肚子上，把马蛰惊了。

"这么个庞然大物，还怕小小的黄蜂！"刘伯承若有所思地说，"嗯，我看这好有一比呀。"

"比作什么呢？"李达饶有兴趣地问道。

"游击战。"刘伯承的话音刚落，又有一群黄蜂朝他们这边飞来，两匹白马听到声音就战栗起来，嘶叫着又跑了几步，唯恐黄蜂再来蜇它们。

"你看，这黄蜂虽小，威力却很大。"刘伯承边说边爱抚地捋了捋马鬃，让它安静下来。"这马就好比日本军队，它人数多、装备精良、训练有素，是个庞然大物。这黄蜂就好比我军分散出去的游击小组，短小精悍，行动灵活。"

"对。这些黄蜂虽然蜇不死马，可是马也受不了。"李达领会了刘伯承的比喻，十分兴奋。

刘伯承的这个比喻，非常形象地说明了游击战的作用。游击队遍地撒开，灵活机动，神出鬼没，到处给日寇以袭扰、牵制、消耗和打击，弄得日寇坐卧不安，顾此失彼，疲于应付。那时，我八路军指战员运用自己的聪明智慧，机智巧妙地同日寇周旋，发明了许多新的游击战术。如后来经常被大家提到的"麻雀战"，就是当时的一个创造。1937 年 11 月 26 日，敌人以五六百步兵、一连骑兵、六门迫击炮和两辆汽车，在范村附近向我侵犯。771 团一连把全连人分散在十余里的广阔地面上，不时变换位置，从四面八方向敌人射击。敌人无法对付这些散在十余里范围内，像小麻雀一样飞来飞去的战士们，只有等着挨打。这一仗，敌伤亡近百人，汽车被击毁一辆。

从此，"黄蜂"与"麻雀"便成了游击战的好教材。

由运动战向游击战转变，里面学问很大，掌握很不容易。开始，很多人并不懂得这一点，经过反复教育和实际经验的总结，才渐渐明白其中的道理。而辽县游击训练班则是一个良好的开端。

第 129 师的游击训练班，后来演变成了参谋轮训班、随营学校（简称"随校"）。

辽县这个不为人注意的偏僻的小山城，就这样成了晋冀鲁豫抗日根据地游击战争的发源地。后为了纪念左权，改名为"左权县"。

◎ 晋西北抗日根据地的创建

晋西北地区位于同蒲铁路以西，黄河以东，平绥铁路以南，汾离公路以北，是陕甘宁边区通向华北、华中各敌后抗日根据地的重要通道，又是阻敌西进、保卫陕甘宁边区的重要屏障。创建晋西北抗日根据地，对坚持华北敌后抗战有着重要的战略意义。

晋绥抗日根据地的开辟

晋西北与陕甘宁边区隔黄河相望，战略地位十分重要。太原失陷后，八路军第120师在师长贺龙、政委关向应率领下，按照党中央的部署，深入敌后，挥师晋西北建立根据地。晋西北地无三尺平，到处是荒山。这里虽说交通不便，是山西省最贫困的地区，但是共产党在这里早就扎下了根，抗战爆发前，牺盟会已在各县建立。抗战爆发后，动委会也在各县建立了组织机构，民众的抗日热情高涨。太原失守后，以续范亭为主任委员的总动委会的领导机构转移到晋西北。这时，中共中央北方局委托八路军第120师政委关向应，组成晋西北临时区党委，统一领导晋西北和绥远地区党的工作。10月22日，中共中央北方局指示第120师，在冀察晋绥已被敌占领区建立民族统一战线的抗日政权；在未被敌占领区，共产党与八路军政治部应独立自主地领导群众运动，改造旧政权；在已失和未失地区，都要大力发展党的组织，在各县成立党的工作委员会，负责建立全县各乡村的党支部。1937年11月1日，关向应率第120师政治部大部工作人员和教导团共700余人到达肖岚县，组织了工作团分赴兴县、岚县、静乐、岢岚、五寨、保德等县开展群众工作。根据北方局的指示，各工作团分赴各地与牺盟会、动委会等组织密切结合，共同展开了改造旧政权、发动群众、组织群众、建立抗日团体等工作。在很短的时间内，共产党领导的抗日武装有了较大的发展，工作组组织起游击队和不脱离生产的自卫军11万余人。同时大力开展扩军工作，大量青年参军，至1938年1月，第120师的主力部队，由东渡黄河时的8200余人，扩大到25万余人。

兵分三路开展游击战争

第120师遵照党中央的指示，兵分三路开展游击战争。一路以宋时轮支队继续活动于雁北地区；一路以359旅活动于雁门关、淳县、忻县地区；另一路第358旅活动于忻县与太原以西、交城以北山区，分散活动打击敌人。在第二战区决定反攻太原的行动中，第120师遵照八路军总部命令，破击太原至忻县间的铁路、公路线。从1938年2月18日到27日的十天内，共破坏桥梁八座，拆毁铁路20余里，相继攻占了平社和豆罗车站，攻克了麻会、石岭关、关城镇等敌据点，消灭敌人400余人；切断了麻会至高村的铁路线。同时，第120师的其余部队，在崞县、忻口、宁武之间袭扰敌人，炸毁敌火车三列，炸毁敌汽车十余辆。接着，第120师打退了日军对晋西北的首次围攻。

晋西北区军民首次反围攻

1938年2月下旬，日军为巩固后方，确保交通安全，配合其对晋西南的进攻，纠集万余人分二路进犯晋西北地区。一路千田联队，由朔县出动，进占宁武、神池、保德、五寨、岢

▲1937 年 10 月，八路军第 120 师开赴晋西北发动群众广泛开展
　游击战，图为行军中的第 120 师部队。

岚；另一路为竹内联队，由井坪出动，进占偏关、河曲；而伪
蒙军，由绥远南犯，至偏关与日军会合。此时，汾阳的日军亦
西犯军渡、碛口。当时阎锡山部在晋西北的四个军，除第三十
五军稍作抵抗外，其余均先后撤向黄河边。

正在忻口、太原间执行破击任务的第 120 师主力为粉碎日
军的围攻，星夜回师。以 359 旅主力北上围困岢岚城；以 358
旅主力进至岢岚以北打击可能增援的日军；如岢岚日军北撤，
则集中两旅主力在运动中歼灭之；而后，再逐次逼退其他各路
日军。此外，第 120 师还以警备 6 团袭扰保德及三岔堡的日
军；以独立第一支队及骑兵营破袭神池至义井间交通，以雁北
支队在平鲁、朔县、清水河三地间游击；以 714 团监视阳曲方
面的日军，配合主力行动。

岢岚的日军连遭八路军困扰，无法立足，遂于 3 月 10 日

▲第 120 师师长贺龙（左）、政治委员
关向应（右）在前线指挥作战

弃城北撤。359 旅 717 团追至三井镇，当晚向敌人发起进攻，
1 连 2 排冲入敌炮兵阵地，消灭敌人一部，俘虏日军十余名，
缴获山炮一门。敌残部向五寨退去。五寨城池坚固，不利强
攻，八路军以少数兵力围困，主力集中于五寨、神池间待机。
17 日，第 358 旅在义井以南的虎北村与神池出援的日军遭遇，
八路军居高临下发起冲击，歼日军 300 余人，残余日军退回义
井镇。同日，三岔堡出援五寨的日军中途被击溃。至此，五寨
的日军完全陷入孤立。20 日，河曲、偏关、保德及五寨的日
军同时东撤，在田家洼、凤凰山各被歼一部，继续向神池撤
退，八路军尾追到阳方口西南地区。23 日，神池的日军退出
朔县。至此，进犯晋西北的日军仅宁武尚有 1500 余人。八路
军乘势以一部围困宁武城，主力集结于宁武、阳方口间铁路两
侧待机。31 日，阳方口的日军南犯，企图接应宁武的日军，
在石湖河地区遭到八路军的伏击。原平的日军北援，亦被击
退。朔县的日军受雁北支队牵制，此次战役，共歼灭日军 1500
余人，收复岢岚、五寨、保德、河曲、偏关、神池、宁武七座

县城，敌人的围攻完全失败。

开辟绥远根据地

1938 年春夏之间，第 120 师进一步在敌后方开展游击战。在雁北活动的宋时轮支队开赴平西，359 旅全部开赴浑源、广灵等地，配合晋察冀军区部队建立恒山地区的根据地，358 旅715 团，师属骑兵营一个连及由动委会领导的独立游击第四支队组成大青山支队由李井泉、姚依林率领挺进绥远，开辟大青山游击根据地。

宋时轮支队于 5 月初离开雁北，雁北地区即由 358 旅 717团、警备 6 团、师属骑兵营开赴雁北地区活动，与当地的独立第六支队共同坚持这一地区的斗争。359 旅于 5 月 30 日由崞县西南的上阳武地区出发，6 月 5 日到达繁峙。6 月上旬，该旅718 团进到桑干河以北活动。旅部率 717 团经灵丘、广灵进到桑干河南岸南徐堡地区。随后 359 旅即展开于蔚县、广灵、浑源、灵丘等地区开展游击战争。

向绥远挺进的大青山支队，于 6 月间由五寨地区出发，首先进入雁北的平鲁、左云、右玉、怀仁、大同地区活动，积极进行向绥远大青山地区挺进的准备工作。在此之前，对绥远地区，特别是平绥路沿线及以北的武州、陶林、兴和、张北等地进行了调查，了解到绥远地区有日军一个旅团，伪蒙军九个师分布在平绥铁路沿线及其两侧地区的要点。在这里只有杨植霖领导的一个数十人的游击队在归绥附近活动。此外，尚有少数党员分散在各地。

大青山支队经过充分准备以后，于 8 月初进到绥远南部的厂汉营地区，准备越过平绥铁路进入绥北，因被敌发觉，支队返回平鲁以南待机。8 月下旬，支队再次北进，9 月 1 日夜，在旗下营与三道营之间越过平绥铁路，到达旗下营以北

▲战斗在绥远大青山地区的八路军指挥员。左一为
大青山骑兵部队司令员姚喆。

的羊坡子、东合子等地,并与杨植霖领导的游击队在面铺窑
子会合。

支队进入绥中后,立即展开游击战争,9月3日袭击陶林
城,10日攻克乌兰花。20日,支队除留一小部位于绥中地区
活动外,主力进至武川、百灵庙以西地区,在萨拉齐以北的后
脑老包打退了阻击之敌。然后支队袭击了包头市东北的石拐
子,接着袭击了平绥路上的陶思浩车站。这一系列的活动,打
开了绥西地区的抗战局面。随着军事斗争的胜利,地方党结合
动委会初步展开了群众工作,开始发动群众,组建地方武装,
建立起大青山游击根据地。

◎ 晋冀豫抗日根据地的创建

以太行山为依托的晋冀豫地区,西起同蒲铁路、东至平汉

铁路、北界正太铁路、南临黄河北岸。这里高山连绵，地势险峻，向东可直下冀鲁豫平原，是华北的战略要地之一。

1937年10月30日，日军占领阳泉、平定，继续沿正太路及其南侧的平行公路向榆次、太原进犯。在日军的猛烈进攻下，正太铁路沿线的国民党军已经完全溃乱，以致从阳泉至太原一线，处于无人防守的状态。

游击队建立

10月中旬，八路军第129师挺进太行，即与当地中共党组织建立了联系。派遣秦基伟、赖际发率教导团5连和部分干部，协同地方党组织在太谷、榆次、寿阳、平定、阳泉、昔阳、和顺等县发动群众，开展抗日游击战争。随后编成第129师独立支队（亦称秦赖支队）。11月初，又派骑兵营深入临城、赞皇地区，开展冀西的游击战争。

▲东渡黄河的八路军

11月13日，第129师在和顺县石拐镇召开干部会议，传达贯彻毛泽东关于创建以太行山脉为依托的晋东南抗日根据地的指示，布置开展游击战争的各项工作任务。会后，由师政治部副主任宋任穷，组织部部长王新亭、宣传部部长刘志坚分别率领从部队中抽调的部分骨干组成的工作团与步兵分队，深入沁县、长治、晋城、武乡、襄垣、平顺、沁源、安泽、屯留等地，发动与组织群众，建立抗日政权，扩大抗日武装。并由师参谋长倪志亮负责着手组织晋冀豫军区的工作。

为便于指挥华北我军开展游击战争，打击沿正太路西犯之敌，10 月 30 日，八路军总部率领第 115 师主力由五台山进至正太路寿阳以南地区。第 129 师主力部队则转移到昔阳一带。

第 129 师建立游击队，大致有四种情况：

一是由主力部队派出工作团和一部分部队为基础组建起来的。

二是我党领导同志利用合法身份和统一战线的关系组建的。如薄一波利用其兼任山西第三行政区主任的身份发展的山西决死队，杨秀峰等以河北省民政处名义组成的冀西游击队。

三是一些原国民党内主张抗日的将领，由于不满国民党的腐败政治和消极抗日政策，主动同中国共产党领导的军队并肩对日作战，以后又要求共产党领导，编入第 129 师的游击武装。如范筑先纵队和范子侠的平汉纵队等。

四是收编的各色游杂武装。如在冀南一次就收编地方武装 2 万多人。

此后，各游击支队如雨后春笋般地建立起来。"为了迷惑敌人，不让他们摸清我军的实力，游击队的番号可谓五花八门，名目繁多。如梅华樊带了三四位同志到黎城开展工作，称为"八路军工作团"。他们配合地方党组织政权建设工作，并与当地"牺盟会"结合，组成了漳河游击队。后来，又从漳河游击队中抽出 20 人为骨干，发展成为"梅支队"。张南生、吴富善两人带一个连到河北磁县、武安一带打游击，与当地的工人武装（其领导人是峰峰矿的工人纪德奎）结合，成立了"磁武支队"。

此外，还有榆次纱厂工人游击队、第 129 师独立支队、邢台浆水游击队、挺进支队、游击二支队、独立三支队、磁县人民游击队、晋中支队、冀豫第一支队、民众抗日自卫队、晋豫游击支队、卫河支队、博平五大队、青年抗日义勇军团、别动大队、津浦支队（后编入山东纵队）、四支队、民军十三支队、人民抗日游击总队、太行梯队、道清支队，等等。

据统计，从 1937 年 11 月太原失守前后，到 1938 年 4 月粉碎敌九路围攻为止，第 129 师有步骤地分遣了三分之二的兵力，（当时共六十四个连队，派出了四十一个连队）到各地开展游击战争。

按一般情况来说，一个支队开始大体上有一两百人，以后逐步发展到 1000 多人，变成一个战斗旅，其活动地区就发展成军分区。如冀西游击队、晋豫边支队、先遣支队、独立支队、独立游击支队等就是相当于旅级的游击队。

在他们活动的地区，大部分都有共产党的工委或特委组织，他们和各游击支队共同进行开辟根据地和建立军分区的工作。

这样，由共产党领导的晋冀豫军区，已经基本形成，它西起同蒲路，北界正太路，东至平汉路，南到黄河北岸。

1938 年 4 月下旬，晋冀豫军区正式成立，对外称第 129 师后方司令部。司令员由倪志亮兼任，政委是黄镇。军区以下，按各基干支队的活动地区划分为五个军分区，各军分区对外仍以支队名义出现。秦赖支队为第一军分区，八路军游击支队为

▲第129师领导人在山西辽县（今左权县）桐峪镇
合影。左起：李达、邓小平、刘伯承、蔡树藩。

第二军分区，先遣支队为第三军分区，谢张大队为第四军分
区，赵涂支队为第五军分区。至此，晋冀豫军区的基干武装已
由原来的几千人发展至 2 万人，并且由初期分散的小游击队扩
大、提高为游击兵团。

1938 年 5 月，毛主席的《抗日游击战争的战略问题》和
《论持久战》两篇著作发表，这对坚持在敌后抗战的军民来说
有如"及时雨"一般。刘伯承和邓小平马上布置师直机关和
各部队、各游击队认真学习并运用于实战中，从而进一步推动
了根据地游击战争的发展。

后来，随着抗战形势的发展，根据党中央的指示，徐向
前、杨秀峰、宋任穷、陈再道等开辟了冀南军区，薄一波、陈
赓、王新亭、聂真等开辟了太岳军区，杨得志、黄克诚、苏振
华等开辟了冀鲁豫军区，杨勇、萧华等开辟了鲁西军区，而晋
冀豫军区又发展为太行军区。

到了 1938 年秋，以太行山为依托的晋冀鲁豫抗日民主根

据地已初具规模，其范围东至津浦路，西至同蒲路，北起正
太、沧石路，南迄黄河，人口达 2300 万人。1940 年 7 月左右，
第 129 师与地方武装，包括杨秀峰创建的冀西游击队和薄一波
等创建的决死队（即山西新军）在内，在太行和冀南就有
95515 人，比第 129 师出征时的 9167 人，发展了十倍以上。

这些精干的游击队，活跃在晋冀鲁豫边区，在广大人民群
众和自卫队紧密配合下，在集总、中央北方局和师首长的领导
下，对日军展开了有组织、有计划的游击战争，给日军造成了
严重的威胁。

日军六路围攻的破产

1937 年 12 月前后，第 129 师在平汉、正太、同蒲铁路沿
线的各主力兵团和游击支队，积极展开活动，到处破坏铁路，
炸火车，袭击据点，使日军陷入困境，日夜不得安宁。

日军驻太原的第 20 师团师团长川岸文三以为，与其同八
路军枝枝节节地做消极守备，不如集中兵力一举消灭之。于
是，12 月 22 日，他指挥步兵 2000 人，飞机三架，一个骑兵
连，附平射炮、曲射炮十门，从平定、昔阳、榆次、和顺、太
谷等地，分成六路，以马蹄形的阵势，对正在破坏正太铁路的
772 团进行"分进合击"。

川岸文三在袭击之前，先派遣一些特务混入八路军活动区
域，还出动飞机进行低空侦察。在大部队出动的前一天，即 21
日黄昏时分，又派出一个便衣侦察队，在寿阳的羊头崖，大摇
大摆地出来活动，企图诱八路军出击，然后包抄 772 团的侧
背，八路军没有上当。

日军的六路支队，夜间急行军五六十里，进入预定地点之
后，在 22 日拂晓前开始对 772 团包围袭击。敌人的尖兵分队
穿着中国军服，抓了本地人给他们带路，用刺刀逼着他们沿途

杀人放火。特别是对抗战军人家属及房屋实行烧杀，意在激起本乡人的对立，自相残杀。

刘伯承命令陈赓指挥 772 团进行内线作战，抗击敌人；769 团、汪支队、秦赖支队在外线积极配合。陈赓此时率领 772 团正在对正太路芦家庄至阳泉段进行破袭。在此之前，他们已经在芦家庄东面的花（华）泉发现敌机进行低空侦察，并在羊头崖发现了日军，估计到敌人可能有偷袭行动。21 日，又在里思村（寿阳南部）发现日军的便衣队，同时获悉平定方向也有 2000 名日军进到昔阳西南的西寨。陈赓接到命令后，在 22 日拂晓指挥 772 团在里思、松塔同 2000 多日军激战了一整天，打退敌人数次进攻。黄昏时分，他发现日军人数增多，就留下少数部队同敌人接触，将敌阻于横岭一带，自己率主力往南向和顺西北的独堆山地转移，准备侧击敌人。他们于深夜到达独堆时，发现由阳泉来的日军 500 人已经先到这里，开始搭锅造饭了。陈赓又率部队避开这股敌人，绕到独堆附近的南、北军城一带。

23 日晨，横岭之敌以为第 129 师已经撤往马坊镇（和顺西北），就追至马坊，可是冲进镇中，才发现镇子里军民都跑空了。在马坊，他们又会合由榆次经阔郊赶来围攻的一路日军，继续追击我军，直到南、北军城。陈赓在南、北军城摆开部队，同日军抵抗了一阵。此时，又发现由太谷经彭温店来攻的敌人 1200 多人也在向南、北军城方向运动。为使敌人的"分进合击"落空，陈赓便留下少数部队，牵制敌人，又率主力在黑夜之中转移至榆树坪、龙王村一带，跳出了敌人的包围圈。

敌人的四路部队，原想在 23 日午前在羊头崖、里思、松塔、独堆、南北军城等几个地方包围我军，但都扑了空。他们到处被阻击，但就是找不到八路军的主力。游击队又在外线不断偷袭他们。他们苦于道路不熟、交通不便，只好于 24 日撤退。其由彭温、西寨来攻的两路敌人，听说那四路扑空退回，也不战而退。

就这样，12 月 26 日六路日军全部撤退，八路军歼敌 600 余人。川岸文三组织的"六路围攻"，来势汹汹，却只好草草收场。

长生口之战

1938 年 2 月，国民党军队经过几个月休整，蒋介石下令他们反攻太原。

按照"反攻太原计划"，朱德总司令、彭德怀副总司令负责指挥东路军（朱德当时任第二战区副司令长官）。东路军包括八路军和友军的李家钰（在黎城）、李默庵、曾万钟（在襄垣）、武士敏（在子洪口）、朱怀冰等部。八路军的任务是切断敌人的后方交通，配合友军向太原进攻。第 129 师负责切断正太铁路。

第 129 师接到命令之后，刘伯承命令通知分散活动的各主力部队相对集中，准备向正太路东段井陉地区的日寇进击。

井陉西南的旧关，是井（陉）平（定）公路上的日军重要据点。刘伯承命令 771 团和 772 团于 2 月 21 日夜埋伏在井陉、旧关之间的长生口附近；令 769 团一部在 22 日拂晓袭入旧关，包围日军的碉堡，但并不切断电话线，借以吸引井陉的日军出援，以便在中途截击。

果然，井陉日军接到旧关守敌的求援信号，立即出动 200 余人，分乘八辆汽车赶来旧关增援。清晨 6 时光景，这八辆汽车刚刚经过长生口，就被埋伏在这里的两个团截住猛打。

由于日军挨了几次伏击，有一些精神准备，所以这次战斗打得非常激烈，持续了五个小时左右。130多个敌人被击毙，荒井丰吉少佐等五人被活捉，五辆汽车被炸毁。剩下的三辆，载着死里逃生的敌人，狼狈窜回井陉巢穴。他们丢下的两门迫击炮和50支步枪，成了八路军的战利品。八路军两个团也伤亡了100余人。

在总结战斗经验时，刘伯承说："长生口战斗，战果是不小的，但是我们自己付出的代价也大了些，是不怎么合算的。以后我们打伏击，要尽量减少伤亡。枪要打在敌人的头上，刺刀插在敌人的肚子上，手榴弹抛在敌人的屁股上。赚钱的生意我们做，不赚钱的生意我们不做。"

神头岭之战

为牵制向黄河河防进攻的敌人，策应第115师、第120师在晋西和晋西北作战，第129师奉中央军委命令，将主力适当集中，于1938年3月上旬南下邯长大道以北的襄垣、武乡地区，寻机打击邯长大道上的敌人，破坏其交通线。

邯长大道东起平汉线上的河北邯郸，西至山西的长治，中经武安、涉县、黎城、潞城等地，横贯太行山脉，与临屯公路相连。黎城东阳关内外的一段公路，是日寇的运输线。但是，日军在这里的守备却比较薄弱。加之这一带山川地形复杂，又有浊漳河与黎城相隔，是比较理想的伏击敌人运输车队的地点。刘伯承打算选择黎城和潞城之间的神头岭下的神头村作为伏击敌人的中心地区。

战斗之前，刘伯承带着几名参谋到神头岭一带观察地形。大家沿着军用地图上标注的汽车公路前进。当行至神头岭时，看到的公路是蜿蜒地从岭上通过，而军用地图上画的公路却是在岭下绕过。刘伯承拍了拍地图，打趣地说："不知道地图上的这一段是怎么画的？画图的人大概是没有到过这儿，来了个

▲ 我军阻击阵地

'想当然'，如果我们也'想当然'，不来看地形，按图索骥，
纸上谈兵，把部队埋伏在下边，恐怕鬼子从岭上过去了，我们
还在岭下傻等，甚至可能挨鬼子的打哩!"

　　选好了伏击地点神头村之后，刘伯承又选择佯攻的目标。
根据当时掌握的情报，日军正在组织一次对八路军的九路围
攻，而黎城则是日军第108师团准备进行九路围攻的兵站，其
守备队估计有七八百人，可以作为佯攻的目标，但是敌人的守
备兵力多了一些。他让李达率几名参谋人员到黎城附近侦察一
下，把情况搞得准确一些。刘伯承到友军曾万忠部联系配合作
战的事情以及给养事宜。

　　参谋长李达带着几位参谋，到黎城郊区去侦察敌情。那
时，共产党的民运组织在各地建立了侦察网和交通网，他们按
期发回情报，一般是比较准确的。李达等人到那后，和交通站
取得了联系。这个交通站的同志说，几天前约有500个敌人由
黎城开往潞城，估计黎城只有300名守军。侦察员们又在一个
隐蔽地观察了公路上日军车辆的来往情况，然后给师部发回

电报。

刘伯承接到电报后，决心袭击黎城，以吸引潞城之敌出援，在神头村一带伏击敌援兵，并相机打击由涉县来援之敌。

刘伯承和徐向前、邓小平三人拟定了具体作战方案：以769团为左翼队，派其一小部袭击黎城，该团主力则伏击涉县可能来援之敌；386旅的三个团（771团、772团、补充团）为右翼队，在神头村附近三面埋伏，准备伏击潞城方向可能来援之敌。

16日凌晨3时半，769团第一营按照预定计划，一举突入黎城城里。意外的是，在头一天，有敌步、骑、炮、装甲车部队1200余人开进城里。两股敌人合在一起，1500人左右。769团1营便与这股敌人进行了苦战。由于天还没有亮，鬼子一时摸不清情况，固守在房子里不敢出来。1营消灭敌人100人左右，边打边退，激战至上午9时，撤到了城外的乔家庄。他们出城时，敌人才派150余名骑兵追来，也被1营给打回城去了。

涉县、潞城之敌接到求援信号后，开始向黎城驰援。八路军在东、西黄须设伏的部队，被涉县来援之敌发觉，敌人打了一下，就缩回了涉县。

潞城敌第16师团林清部队和第108师团箕尾部队，以及自卫队、骑兵总共1500余人，骡马1000余匹，立即出动，向黎城增援。等敌人走过以后，5时许，771团特务连将赵店镇木桥焚毁，断绝了敌人的退路。

9时30分，这股敌人到了神头村。陈赓和王新亭指挥第386旅立即发起三面猛攻。敌人这时方知中计，但为时已晚，只有做绝望的挣扎。

在这次战斗中，八路军战士打得非常顽强，许多新战士，每人只拿一把梭镖同敌人拼杀。惊慌失措的鬼子，看不清他们手里究竟拿的是什么武器，有的吓得缩成一团，有的趴在地上一动也不敢动，浑身被梭镖戳成了蜂窝。大部分鬼子被刺得东奔西窜。其中有一名战士负伤后，用毛巾把伤口包上，继续与敌人肉搏，接连刺死了六个鬼子，最后也壮烈牺牲。772 团 8 连连长邓世松身负重伤之后，犹裹伤指挥，直到不幸中弹，以身殉国。7 连 1 排排长蒲大义率一排人占领了神头村，把敌人都消灭了，而他们却只伤了 5 人。

两个小时以后，这股敌人大部分被消灭。但因八路军一个团撤离过早，一个团的一部迂回较迟，有 100 多个鬼子趁机逃回潞城。

日军中有一个随军的《东亚日报》记者，叫作本多酒沼，躲在一个窑洞里，成了漏网之鱼。他逃回之后，写了一篇题为《脱险记》的通讯，登在《东亚日报》上。他写道：

神头村的战斗，是他（指第 129 师）的典型战术。3 月 16 日午前 9 时，继续行军的真铜部队、粕谷部队、箕尾部队，在这个村落（神头村）休息，是小休息，大约 15 分钟的休息。……

正当先头部队要开始行进的时候，呼呼地飞来的子弹，轰轰险险地炸袭的迫击炮弹，沉重的、使人心里不愉快的连续的重机关枪响声盖过来了。

这是从警戒线的什么地方潜进来的啊！

队长箕尾二郎中尉（秋田县人）立刻命令战斗部队展开。

从道路向左右展开的部队，匆忙占领了两面的高地。

但敌弹使你连喘气的时间也没有。敌人兵力有一两千人，在前面高地的棱线上展出了脸，在左右高地上像'蝼蛄'一样鼓动着，离我们不过 150 米上下，连他们被憎恶的火焰燃烧着的神色，都可以清楚地看得出来。

连一点掩护的东西都没有，部队在三方面都向着敌人。就在这时候，断然把指挥刀抽出来的箕尾队长叫喊着，'大家一块死的地方就在这里，好好地干吧！'他刚喊毕，挥着指挥刀站在前头，为指挥部队而前进了数步，敌人的迫击炮弹就在队长的头上爆炸了，重机关枪的子弹也向他集中射击，当场完成了壮烈的终结。队长完蛋了！

这时小山和成田相视无言，只是在眼睛的深处，射出绝望的光——除了死以外，再没有旁的什么。

是死的地方！

这两位同乡将校（同是青森县人），互相发誓奋战到最后。此后战斗继续了七个小时，唉，多么激烈的战斗啊！"

下午 1 点钟之后，敌人从黎城、潞城两个方向，连续向神头岭增援，每次二三百人不等，都被八路军伏击部队击退。4 时，刘伯承下令撤出战斗。至黄昏时分，八路军伏击部队全部撤离。并给几个缴械的日本士兵每人配了一匹马，派人把他们送到了后方。

扛着梭镖的战士们，战斗之前每个人都写了一个"矛子枪换鬼子的三八式"的小条子挂在梭镖上。待他们从神头岭下来时，果然差不多都换上了三八式。

神头村战斗，八路军毙伤及俘敌共计 1500 余人，缴获长短枪 300 多支，骡马 600 多匹。自己的伤亡，计 240 余人。

386 旅的一位教育科长，缴获了一个沉甸甸的包袱，打开一看，里面净是些手镯、戒指之类的首饰。这是日寇侵略暴行的罪证！他们往往是捉住中国妇女，奸污之后，残忍地用刺刀

▲神头岭伏击战

将她们捅死，然后取下手镯、戒指、耳环、胸锁等物件带回。这一包袱首饰，不知是杀了多少人才抢来的。在以后的战斗中，这已是司空见惯的事，有的日本鬼子连老百姓门上的铜环也卸走了。

第二天，日军派出飞机、大炮和步兵1000多人，到神头村一带报复。他们进行了整整一个小时的轰炸和炮击之后，才敢进入神头村。然而，他们没有看到八路军的影子，就气急败坏地用机枪、大炮和飞机向申家山射击、轰炸了一天之久，共用数十辆汽车搬运尸体。

骄横的日本"皇军"，在八路军的打击之下，大出洋相，这里仅举两个小例子。769团1营的同志回来说，他们在16日那天早晨刚撤到城外，鬼子骑兵就退出城来，耀武扬威，气势汹汹。1营截住这些鬼子狠揍时，他们就拼命往城里逃。有些鬼子马被打死了，他们往回跑时嫌皮鞋太重，干脆脱下来背着逃命。听到 1 营同志绘声绘色地讲这个故事,大家无不捧腹。那次战斗结束后,陈赓在审问俘虏时,一个日本士兵说:"我什么武器都不怕,可就怕你们的长剑(矛子枪)!"

刘伯承很重视这次神头岭之战,把它作为一个很成功的"吸打敌援"的战例。他在作第 129 师抗战两周年的战术报告时,详细地论述了"吸打敌援"的战术,然后说:"引一个好的战例来结束我对于'吸打敌援'的报告。"接着,便全文宣读了《129 师在潞城神头村消灭敌人的报告》。刘伯承还对那个战俘"就怕你们的长剑"的供词很感兴趣,在几次报告和讲话中都提到此事,用以说明在一定情况下,用简单的武器也可以战胜装备现代化的敌人。

日军统帅部也把这一仗看成是八路军的"典型的游击战",从中分析研究如何对付八路军的游击战术。

响堂铺之战

在八路军第 129 师进行神头岭战斗的前后,担任正面"反攻太原"的 30 万国民党军队,不但没有攻下太原,反而在日军的进攻之下,望风而逃,不战自溃。至 1938 年 3 月上旬,日寇又攻占了临汾、汾阳、离石、风陵渡、长治、晋城、东阳关等重要城镇,打通了邯(郸)长(治)大道和同蒲铁路南段,进入晋东南和吕梁山区,继续向晋西黄河各渡口猛进。国民党的一些高级将领,如阎锡山、卫立煌等也都逃到黄河西岸。只有武士敏部在子洪口、李家钰部在长治继续抵抗日军。

这时,晋南和晋西的日军,为了配合津浦作战,按照进攻潼关、西安、陕甘宁边区的计划,仍在疯狂地向黄河各渡口猛犯。这样,邯长大道和从长治至临汾的公路就成了日军的一条重要后方交通运输线。

为了扰乱日军的这一计划，迟滞其行动，第129师准备在适当地点对敌人的运输线进行一次较大的伏击战。为此，部队派出侦察员到几条公路沿线去侦察，了解到敌人运输最忙的是邯长大道和长治至临汾的公路。在这条路上，汽车来往不断，几乎每天都有几十辆甚至上百辆之多；沿路的警戒已经加强，在东阳关增设了新的据点；日军在附近几个地方的驻军分布是：黎城1000余人，东阳关150余人，涉县400余人，武安1500余人。

刘伯承、徐向前和邓小平研究了这些情报，认为在东阳关和涉县之间的响堂铺一带，是比较理想的打伏击的地方。这里公路沿小河床而过，路南是高山，多悬崖峭壁，不易攀登；路北为起伏高地，多谷口，便于隐蔽和出击。如果在这里埋伏部队，伺机消灭日军的汽车运输队，把握是比较大的。经刘伯承提议，这一仗由徐向前副师长指挥。

参战部队出发之前，徐向前作了动员讲话。他说："同志们！现在的抗日形势起了急剧的变化。敌人已经'饮马黄河畔'，我们留在与大后方完全隔绝的敌后了。……我们八路军早就提出了与华北共存亡的口号。我们一定要保卫华北，保卫山西。只要我们发动群众、组织群众、依靠群众，开展游击战争，就一定能坚持下去。我们为了坚持抗日民族统一战线，还要以积极的模范行动来推动友军。我们要在几天之内打一个漂亮仗，给友军做一个榜样，去影响和帮助友军打游击。"

3月30日黄昏，各部队向黎城县的庙上村、马家峪一带出动，于深夜陆续秘密地进入了伏击区。

第129师771团同769团的主力为第一梯队，埋伏在大道以北的后宽漳至杨家山一线的山区。771团为右翼队，769团为左翼队。这两个团各派出小股部队到公路以南的山脚下埋伏。

▲埋伏在山上准备作战的第129师771团

772团的主力为第二梯队，集结于马家拐。该团也派出了小部队，分别向东阳关附近和东阳关东北边的苏家山交界游击警戒，阻击可能由黎城、东阳关来援之敌，掩护伏击部队右后方的安全。

769团又以四个连的兵力到椿树岭、河南店之间，阻击可能由涉县来援之敌；另派一个连至杨家山东北面的王堡，担任警戒任务，并封锁消息，联络友军。为八路军事先已经函请友军骑4师向涉县敌人活动，吸引敌注意，以达到协同作战的目的。

伏击部队的位置非常有利，都在步枪射程之内。而背后则是起伏的山地，又非常便于部队的转移。

日军第14师团辎重部队所属的森本及山田两个汽车中队，是"在劫难逃"。他们31日清晨由黎城经东阳关开来，走在最前头的是两辆探路的小车。到了神头河后，小车上的鬼子下来，四下望了望，又拿起望远镜瞧了一会儿，什么也没有发现，就坐上车开过了神头河。后边的汽车跟着一辆一辆地开过来。汽车的数目比平时多了一倍左右，近200辆，每辆汽车上都有几个押车的日军士兵。

771团放过了大约100辆汽车，交给769团打，后边的一半留给自己"吃"。

8时30分，汽车全部驶入伏击区后，徐副师长一声令下，战斗打响了。771团和769团同时突然出击，迫击炮、机关枪、步枪一齐发射。随着冲锋号声，战士们犹如猛虎下山，手拿刺刀和梭镖朝着鬼子猛扑过去。日军立即慌作一团。有的鬼子急忙掉转车头往回开，又撞到拼命往前开的汽车；有的鬼子跳下车，钻到汽车底下，胡乱开枪射击；有的端着刺刀朝着八路军战士扑来……

一场肉搏战开始了。鬼子本来就措手不及，再加上八路军战士的勇猛，鬼子抵挡了一阵，就只有招架之功，没有还手之力了。有一位战士把刺刀折断了，就抱住敌人用嘴咬，把牙都咬脱了。两个小时后，战斗全部解决。大部分鬼子连枪、炮还没来得及用上，就丧了命。一辆辆汽车都冒起了浓烟。

正当伏击部队围歼日军汽车运输队时，黎城和东阳关的日军派出步骑兵400余人，向马家拐进攻，急于解救响堂铺被围之敌。这股敌人很快就被772团击溃，慌忙逃回东阳关。随后，黎城又出动救兵200余人，会合退到东阳关之敌，大喊大叫地第二次冲击772团的防线。但是，772团占据有利地形，居高临下，鬼子不但没有攻破772团的阵地，反而被打得丢盔卸甲，匆匆掉转马头，溜之大吉了，哪里还顾得上解救他们的难兄难弟？与此同时，涉县敌人派出六辆满载士兵的汽车，倾巢出援。到了椿树岭，也被"恭候"多时的769团一个连打退，其中一辆汽车被击毁。

▲战后的战场

当天中午，师部就收到了徐、邓共同签发的捷报："黎城敌汽车共百三十辆，涉县敌汽车百余辆已被我截击，烧毁者约180辆，约计缴获步枪300支以上，轻机枪10挺以上，迫炮4门，弹药甚多。我伤亡200人左右，现正解决敌之增援队中。请刘速令动员至少400以上民夫、驮驴赶来秋树垣搬运胜利品及伤员。"

大家见到这个捷报，欣喜若狂，奔走相告。刘伯承格外高兴，立即通知派人带牲口前去接应。

早已待命的新战士和民夫组成的队伍，开赴响堂铺，仅用了两个小时就完成了打扫战场的工作。新成立的独立2团，也加入到打扫战场的"战役"之中。他们手上的矛子枪都换成了三八式。在战地，100多辆汽车，横七竖八地堆在公路上，有的被战士们掀得四轮朝天，有的被战士们用石头把发动机、玻璃窗砸得稀烂。我们的部队临撤走时，把带不走的东西和没有起火的汽车，全部放火烧着了。这段蜿蜒的公路，顿时成了一条"火蛇"，变成侵华日军的一个火葬场。

下午4时，日军派了重型轰炸机六架，战斗机四架，来响堂铺上空助战，但为时已晚。八路军伏击部队早已凯旋。日军飞行员气急败坏，朝着满地的汽车残骸和尸体狂轰滥炸，长达两小时之久。

"我们刚一分开，你们就打胜仗啊！"刘伯承一见到徐向前和邓小平，就十分高兴地说。随后，徐向前谈起了此次战斗的详情："大约有400多个鬼子被打死，森本少佐也在里边。抓到了三个日本兵，还有一个开随营妓馆的老板，是个朝鲜人。可惜有30多个鬼子钻了我们的空子，从公路南边的山地里逃走了。鬼子的护车队有170多人，除了跑掉的达30几个，都被打死了。这次截住的汽车太多了，开始都来不及细数。打扫战场时数了一下，我军炸坏的汽车，再加上769团打毁的那一辆，一共是181辆。"

"一次战斗炸毁181辆汽车，这还是破天荒头一回喽！我们的伤亡怎么样呢？"刘伯承关切地问。

"有一个营长和教导员，还有几个连、排干部负伤了。阵亡了两位连长和一位排长。政工干部表现很勇敢，带头往前冲，打得很顽强，牺牲的有六位，五位挂了彩。战士们的伤亡数是292人，加上干部，总共是317名。这次伏击虽然打得不错，可是也出了一点差错。开始打的时候，我们的炮兵和步兵没有配合好。炮兵本来向预定目标射击之后，应该马上往前移动防地，然后再抵近射击。可是，他们急着想打鬼子的汽车，就在原地放起炮来，忘了向前移动阵地，结果却打了自己的步兵，误伤了20多人。"

长生口、神头岭、响堂铺三次伏击战，就是在中国抗日战争史上颇有影响的"三战三捷"。其中，尤以响堂铺之战震动为大。为了纪念这次战斗中为国捐躯的烈士，当地人民政府和群众，在当年伏击区公路的一侧，竖立了"响堂铺伏击战纪念碑"。

◎ 晋西南抗日根据地的创建

晋西南地处山西省的汾（阳）离（石）公路以南，同蒲铁路以西，黄河以东，吕梁山脉由北南纵贯其中。它北与晋西北根据地相邻，西靠陕甘宁边区后方，同时是陕甘宁边区的屏障，也是联系晋冀豫根据地的纽带。在太原失陷以前，毛泽东即指示八路军第 115 师师部和 343 旅向该地区转移，建立以吕梁山为依托的晋西南抗日根据地。1937 年 11 月 9 日，八路军总部令第 115 师由正太路向吕梁山脉转移，但受到阎锡山部的阻挠，暂停于洪（洞）赵（城）地区。1938 年 2 月，日军第 20 师团由祁县向晋西南进攻。第 115 师师部率 343 旅立即进入灵石、孝义以西地区打击敌人，在堆九峪等地消灭日军一部。同时，派出工作队，在石楼、永和等县发动群众，组织抗日武装，创建抗日根据地。

3 月初，第 115 师代师长、政治部主任罗荣桓率师主力进至隰县午城镇附近待机歼敌。

进攻晋南之日军第 20 师团，占领临汾和蒲县以后，主力沿同蒲铁路线继续南下，另以一部 4000 余人，由蒲县西进，企图占领大宁与马斗关黄河渡口，窥伺陕甘宁边区。3 月 14 日中午，西犯日军在大宁以东的午城地区与八路军第 115 师的先遣分队师直属警卫连遭遇，激战两小时。日军后续部队赶到，该连即转移至午城西北侧高地继续阻敌西进。当日下午 2 时，

▲开辟晋西南抗日根据地

日军占领午城，并继续向大宁前进，并占领大宁。为了打击该敌，第115师343旅685团、686团于16日隐蔽在罗曲、午城、井沟公路两侧。当日，敌辎重部队200余人，骡马100匹，由午城西进，在罗曲村附近被685团全歼。17日，日军输送军用物资的汽车60余辆，由蒲县向大宁开进，大宁日军500余人东进接应。当接应的日军进至罗曲村时，被685团一部击退。由蒲县西进之日军运输队到达午城以东井沟时，预伏在该地的686团突然出击，消灭日军200余人，截获汽车6辆，其余日军窜入午城。当日晚间，686团3营和685团两个连袭入午城镇内，将敌汽车全部焚毁，敌大部被消灭。

占领临汾的日军第108师团，以步骑兵800余人，炮兵一个中队，于3月18日经蒲县西援午城。第115师令686团和汾西游击队预伏在井沟、张庄公路两侧，以685团在午城以西阻击大宁援敌。19日晨，日军继续由蒲县出发，10时许，进入井沟地区。预伏部队即向日军猛烈开火，并迅速发起冲击。日军在突然被打击下，一片混乱，一部占据井沟、张庄，一部退入山沟进行顽抗。686团与敌反复冲杀三次，双方均有很大伤亡。下午1时，飞来六架敌机支援地面日军作战，向八路军阵地轮番轰炸，连续投弹达百余枚。敌在飞机掩护下曾数次突围未逞。战至黄昏，日军除百余名突围逃窜外，其余全被消灭。

午城、井沟战斗第115师消灭日军1000余人，毁敌汽车60余辆，缴获骡马200余匹、各种枪200余支、山炮两门和大批军用物资。自身伤亡200余人。这一胜利，予日军以沉重打击，粉碎了其西犯黄河河防的企图，给山西人民及友军以极大的鼓舞，稳定了晋西南抗战的局势，对晋西南抗日根据地的开辟及陕甘宁边区的巩固均具有重要意义。

由于八路军切断了蒲大公路，占领大宁之敌孤立无援，被迫向临汾撤退。此后，第115师继续展开游击战打击敌人，并派出工作团在孝义、石楼、汾西、灵石、永和等县继续开展根据地建设工作。

击毙日军"名将之花"

1939 年 10 月中旬起，日军调集第 110 师团、第 26 师团、独立混成第 8、第 2 旅团等部共数万人，再次对晋察冀抗日根据地进行冬季大"扫荡"。25 日，敌独立混成第 2 旅团、第 110 师团一部，分别由涞源、易县、满城、唐县、完县出动，分五路合击晋察冀军区第一军分区机关驻地管头。军分区在涞源方面的情报网直接渗透到敌人维持会、日本宪兵队和张家口的伪蒙疆政府里，所以，敌人的"大扫荡"情报能很快传入军分区。从涞源到银坊沿途多为谷道，群山连绵，地形险峻，利于隐蔽伏击敌人。一分区司令员杨成武决定将日军诱至银坊、雁宿崖地区，伏击歼灭之。遂以主力 1、2、3 团和第 120 师 715 团等部预伏于银坊、司各庄地区，以军分区游击第三支队等部，担负牵制各路日军的任务。11 月 3 日拂晓，涞源之敌分两路出动：一路 500 余人从插箭岭向走马释进攻，一路 500 余人经白石口向银坊前进。向银坊进犯之日军进入雁宿崖伏击区后，晋察冀军区第一军分区埋伏于东西两侧的部队，以迅雷不及掩耳的动作扑向敌人。3 团以两个连在张家坟东南抗击日军，主力向日军展开猛攻。1 团以一个营占领了三岔口，切断日军的退路，主力由东北向日军侧背攻击。2 团卡住经白石沟门向北道神、辛庄前进的日军，歼其一部，余部慌忙向雁宿崖主力靠拢。至此，日军全部被包围压迫于雁宿崖的峡谷中。16
时，伏击部队向被围之敌再次全线攻击，突入雁宿崖村内，与
敌白刃格斗，将其全部消灭。困守小高地的日军，亦被赶下高
地，除生俘10余人外，全部击毙。雁宿崖战斗，全歼日军迁
村大佐以下500余人，缴获步枪200余支，轻重机枪13挺，
各种炮6门，骡马500余匹，并缴获无线电收发报机两台。日
本侵略军骄横成性，一旦吃亏之后，总要重整兵力，前来报
复。军区司令员聂荣臻指示一分区部队，立即撤离战场，隐蔽
于适当位置，待机再战。

▲聂荣臻、杨成武等检阅晋察冀一分区部队，这支部队也是雁宿
　崖之战的主力。

　　果然不出所料，4日早晨又收到情报，驻张家口日军独立
混成第2旅团除去被歼灭的迁村宪吉大队以外，全部出动。阿
部规秀的四个大队分乘90多辆卡车急驰涞源。显然，日军要
进行报复性"扫荡"。种种迹象表明，他们很可能仍旧沿被歼
灭的老路，寻找晋察冀八路军主力决战。

一分区司令员杨成武立刻打电话给晋察冀军区司令员聂荣臻，报告这个新情况，并建议再打一伏击。聂荣臻说："你们现在可以先以小部兵力在白石口一带迎击日军，把他们引向银坊，让他们扑空。然后再在银坊北面示以疑兵，诱敌东进，等他们进入黄土岭后，则可利用有利地形集中兵力歼灭它。"

八路军集中了七个团的兵力，其中三个团在外围，阻击涞源的敌人，四个团在黄土岭设伏。

▲1939年11月，杨成武组织指挥了著名的雁宿崖、黄土岭战斗，击毙日军"名将之花"独立混成第2旅团旅团长阿部规秀中将。这是杨成武向部队作战前动员。

阿部规秀在惊悉让村大队被歼后，恼羞成怒，不待易县、满城、完县、唐县四路日军的配合，于4日凌晨，亲率其第二、第四大队共1500余人，再次由涞源向第一军分区腹地雁宿崖、银坊、管头急进，企图与第一军分区主力决战，实行报复。日本侵略军北线指挥官、在日军中号称劲旅的独立混成第2旅团旅团长阿部规秀，是经过特别挑选的能够运用"新战术"的"俊才"和"山地战专家"。他以中将资格出任旅团长，担任北线进攻边区的总指挥。在日军中旅团长一般由少将充任，由中将出任的很少。可见，日军对我边区北线是何等重视。

日军沿途因遭游击队袭扰，于傍晚才进至张家坟、雁宿崖一线。5日，日军直扑银坊，但并未发现军分区的主力，便在银坊一带大肆烧杀。6日晨，日军再调头向东北沿崎岖山路向司各庄、黄土岭方向进犯，同时，出动飞机侦察、轰炸，倾全力寻找军区主力。他们在根据地内乱闯乱撞，让八路军牵着鼻子走进了黄土岭。黄土岭是一条五里长的山谷，是伏击敌人的理想地区。阿部规秀面对如此险地丝毫不敢大意，为避免八路军合围，命令日军排出了一个五里多长的长蛇阵，小心翼翼地通过黄土岭。晋察冀军区决心创造条件，再给进犯之日军以沉重打击，立即抽调部队向日军方向运动。当日军由银坊向东运动的同时，军区主力亦急速向其前后和两翼运动，伺机攻击；6日傍晚，改进入黄土岭、上庄子一线。军区令1团、25团由东面截断日军的去路；3团及第120师特务团占领黄土岭以南山地；2团尾随敌后，并以主力绕到黄土岭以北占领有利地形，以第三支队控制西面通向涞源的要道。一夜之间，在日军毫无察觉的情况下，八路军四个团的优势兵力完成了四面包围部署。7日晨，日军主力向寨头方向攻击前进，当其后尾离开黄土岭，先头到达寨头附近时，晋察冀军区伏击部队，在统一号令下，轻重机枪全部开火，四处伏兵疾冲而下。山谷里，军号声、枪炮声、喊杀声混成一片，火光闪闪，烟雾弥漫。日军

猝不及防，阵势大乱，慌忙抢占上庄子的东北高地，并实施反
扑，企图突围，双方展开激烈的高地争夺战。此时，易县、涞
源、完县、唐县等地的基干自卫队，纷纷赶来参加战地勤务。
战地附近群众，无论男女老幼，都出来给部队送水、送饭。军
民互相鼓舞，部队战斗情绪更加高昂。日军飞机虽整日盘旋于
上空，但山中云雾缭绕，难辨目标，也无济于事。此时，阿部
规秀在指挥所如热锅上的蚂蚁，坐立不安，遂出屋观察情况，
当即被第一军分区炮兵连炮火射中。日寇独立混成第2旅团中
将旅团长，所谓的"山地战专家""名将"阿部规秀，当日即
毙命。是夜，日军又连续突围十余次，均被击退。当晚，日军
由蔚县、易县、满城、唐县、完县多路出动，向黄土岭逼近。
8日晨，被围日军在五架飞机掩护下，空投下新的指挥官，向
司各庄方向突围。晋察冀军区主力立即追击、堵截，又歼其一
部，而后主动转向外线。是役，共歼日军900余名，缴获大批
军用物资。

▲黄土岭围歼战前线，就是这门炮当场
击毙日军第2混成旅团团长阿部
规秀。

　　日军为图报复，于 11 月下旬急调第 10、第 26 师团的三个支队，向旱平地区实施分进合击，但连续扑空，并遭到晋察冀军民的不断打击，被迫撤退。历时 40 余天的冬季反"扫荡"作战，共毙伤日伪军 3600 余人。

　　击毙日军中将指挥官，这在华北战场是第一次，在中国人民的抗战史上也是第一次。敌人对此十分懊丧，敌华北方面军司令官多田骏得知阿部规秀的死耗，在追悼死者的挽联上写下了："名将之花，凋谢在太行山上。"还为阿部规秀立了一个碑。

　　日本的《朝日新闻》报连续三天的通栏标题都是"名将之花凋谢在太行山上"。这家报纸说："自从皇军成立以来，中将级将官的牺牲，是没有这样例子的。"

华北地道战

　　1942 年以后，日寇对抗日根据地实行残酷的"扫荡"和"清剿"，战斗在广大平原地区的抗日军民无险可据。他们依据改造地形的经验，遵照毛泽东"保存自己，消灭敌人"的积极防御思想，挖掘了大量的地下隧道，构筑了纵横交织、坚固隐蔽的地道网，被人们称作"地下长城"。据统计，到抗战后期，晋察冀边区、晋冀鲁豫边区和华北各抗日根据地的平原地区，所挖地道总长度达到 12500 多公里，比万里长城还要长出一倍。

▲敌后根据地广泛开展地道战

　　最初的地道构造简单，仅仅限于一般秘密地窖形式。后来根据斗争形势的需要，才慢慢发展成为比较复杂的隐蔽的地道，进而发展成为大显神通的战斗地道。战斗地道里面一般都有各种保证安全和便于作战的设施。地道口附近埋设地雷和设置陷阱，道内设有许多安全洞、瞭望孔、射击孔和暗堡，以便随时观察和杀伤敌人。地道还向四处延伸，村内村外连成一片。这样，民兵和游击队依靠地道就可以由村外打到村内，由村内转入地道，由地道再钻到村外，村村相连，户户相通，彼此配合，围攻敌人，使敌人首尾难顾，处处挨打。

◎ 闻名中外的地道战战场

冉庄

　　河北省清苑县冉庄，是当年地道战的著名战场，电影《地道战》就是取材于这里并在这里拍摄的。

　　抗战爆发以来，由于敌人不断袭扰，群众为了免受损失，常常在敌人来以前扶老携幼，牵着牲口，拿着东西到野外青纱帐去躲避。秋后，青纱帐没有了，人们就在比较偏僻且低洼的野外挖洞，后来就利用水井、山药井、菜窖等藏东西或隐身。

　　1941 年秋，冀中环境日益残酷，为了保存革命力量，继续坚持对敌斗争，冉庄村干部在区委领导下，冬初开始挖绝密隐蔽洞。区委书记张森林首先在自己家挖了一个洞。刚从部队负伤回家的共产党员高振福和区、县接上关系后，也在家里挖了洞，并设了秘密联络站，县委书记赵一芝曾住在他家，联络员于喜生经常以卖葱为掩护来此联系。在极端艰苦的情况下，区委书记张森林曾在李永家隐蔽洞内连续住过两个月。另外，在一些可靠的群众家里也都先后挖了隐蔽洞，在这些隐蔽洞里，县、区、村留下坚持斗争的干部，白天在洞里隐蔽，夜里出来进行抗日活动。

但是，利用地洞同敌斗争中，只能藏不能打，时间长了隐蔽洞也易被敌人发觉。干部和群众吸取了本村和外村隐蔽洞受损失的教训，把一部分单口隐蔽洞改成能出的双口洞，由一户一洞变为户户相通，还有的洞出口直通往村边、道、沟和河边。

1944年初，县委派人到冉庄，介绍了外地开展地道战的经验，号召冉庄人民积极修筑地道，开展地道战，配合主力部队粉碎敌人的进攻。

冉庄村党组织作了周密布置，由村政权出面，党员、干部带头行动起来。村长王玉龙、张金池便带领群众先在十字街中心打了一眼井，然后顺东西南北大街挖起来。从1月8日到24日，全村群众不管天寒地冻，不分昼夜，在沟通原有隐蔽洞的基础上，完成了主要干线四五里的地道。

主要干线完成后，根据作战需要，随战随挖，形成以十字街为中心的东西南北大街的四条干线。在南北大街上，又沿东西方向上延伸支线十一条；在东西大街上，又沿南北方向延伸支线十三条。包括西通孙庄、东北通姜庄的联村地道，东西通隋家坟和河坡的村外地道，全长约15公里。

地道内设有油灯和指挥路牌，在十字街总指挥部北边三岔口地方设有陷阱，中间带有活动圆轴的翻板盖井口，如敌人走在上边，立刻翻下去。地道与附近水井挖通，既可作气眼又可以取水。总指挥部附近有储粮室、休息室、厨房、厕所等。

地道的出入口，分别设在屋内墙壁、墙根、地面、牲口槽、风箱下、炕面、锅台等处。伪装的与原来建筑一样，敌人不易发觉。

为了更有效地消灭来犯之敌，全村重要路口修起高房工事七处，地平堡四个，庙宇工事六处，碾子工事两个，烧饼炉工事一个，锅台工事一个，暗室及墙角枪眼八处。各工事都与地道相通，既能观察敌情，又能冷枪杀敌。工事周围还埋有地雷，引线通入地道，拉雷非常方便。

这样战斗工事就具备了三通（高房、院落、地道相通）、三交叉（明暗火力，高房、地堡火力，墙壁与地平堡火力交叉）、四好（好打、好钻、好藏、好躲）、五防（防破坏、防封锁、防毒、防水、防烟）的优点，使村落战、地雷战、地道战有机结合起来，形成"地上地下一起打"的战斗网。

1944 年 3 月底，保定日伪军侵袭冉庄一带。冉庄村党支部立即动员民兵和群众做好战斗准备，连夜检查地道工事，准备干粮、弹药及必备物品，设埋地雷。区委派区小队和各村民兵前来协助。4 月 1 日凌晨，日伪军占了距冉庄五里的张庄、三间房两村。区小队和外村民兵按计划撤到村外。村武委会主任赵金刚、民兵队长高强峰、李恒木带领民兵钻进地道，进入战斗位置。支部书记高技福负责外线联系，村长王玉龙负责群众转移。

民兵刘大雨和李恒标，从十字街口进入地道，向东急进，当他们进入东头五道庙处地平堡时，从枪眼向东看，一股敌人已经扒着堵塞东街口的墙头，向村内张望。刘大雨瞄准一个戴钢盔的家伙打了一枪，敌人立即向地平堡射击，趁着枪声掩护跃过墙头，刘大雨绕到西南边的房上，向地平堡扔手榴弹；另一股敌人将地平堡北边的墙头推倒一段，支起机枪向地平堡扫射。过了一会儿，地平堡里没有一点动静了，七八个敌人押着五六个老太婆来破坏地平堡，刘大雨、李恒标透过烟尘看到里面有刘大雨的母亲，便在她们走近时小声说："你们闪开枪眼，别踩着地雷！"老太婆们知道地平堡内有人，就不肯刨了。伪军们涌过来把她们推到一边，老太婆们趁机躲开了。敌人举镐刚要刨，"轰隆隆！"脚下的地雷响了，烟雾中敌人拖尸带伤地跑掉了。

▲民兵在地道中转移

从北口、西口上来的敌人，先后闯进村内，梁速桓、赵金钢在十字街东北角工事内拉雷炸伤敌两人，李明贵在十字街西南角工事拉雷炸死两个敌人，高连水在十字街南边大车店门口柜台下拉雷炸伤三个敌人。敌人被炸的晕头转向，慌忙逃走了。当支部书记高振福带部队来支援时敌人已没踪影了。

这次战斗共毙伤敌人十三人，而我们没有任何损失。地道战首战告捷，大大鼓舞了民兵们的斗志，稳定了群众情绪，开创了以弱胜强的战例。

1944 年 7 月 10 日，由伪绥靖军集团司令齐靖同清苑伪县长丛殿带领伪绥靖军 16 团和 14 团的一部分加强大白团据点，大位村也设了临时据点，共千余兵力。30 多挺轻重机枪，70

多匹马，企图以武力威胁，达到在冉庄一带抢麦子之目的。

14日上午9时，放哨的民兵发现敌人，队长高振峰把民兵拉到村北，从三面把守起来，并站在一所高房上指挥。30多个敌人从东北方向冲上来，副队长李恒木等七人持枪守在这里，敌人离村约半里地，队副的枪响了，紧接着七条枪一齐开火，把敌人打回到东北三里地的姜庄。

一会儿，500多个敌人，在15挺机枪掩护下，扇面形直扑冉庄。民兵们迅速撤到村内钻入地道。15名民兵英勇地同敌人展开了地道战。

村外的区小队和前来配合的外村民兵不断袭扰敌人，敌人在村内看不到人影，干挨炸、挨打，中午时，只好拉着六具死尸，12个受伤的伪军返回大白团据点。

1944年10月17日上午，700多伪军，配有18挺机枪和掷弹筒，从东、北、西三面包围了冉庄。

地道里的民兵们接到队长"三五步远再打，要一枪一个"的命令，在地道内观察着敌人的动静。

守东楼的李明贵、李春九和李景书眼看着20多个伪军从东北斜街头探头缩脑地上来，挎着军刀，穿着皮鞋的伪军官在后边督阵。李明贵一枪结果了一个伪军官。敌人一阵大乱，一齐往上冲。敌用三挺机枪同时朝高房工事打来，砖墙被打了个斗大的窟窿，轰轰两枚手榴弹响在紧挨工事的地方，李明贵肩膀受了重伤，带伤拉响了埋在工事附近的地雷，趁着烟雾，从地道里跑到了指挥部。张德林接替李明贵和李春九、李景书坚守阵地，打退敌人的进攻。正北面学校南边三个敌人踩响了连环雷，三条枪被炸断了，飞起来又落下，伪军的破军衣飞到了东坡。街道上枪声响成一片，地雷不断在敌群爆炸，敌人被打得狼狈不堪，只好退到村边房上放火、打机枪。

这次战斗敌人共死伤 15 人，16 团团副负重伤，一名副营长被击毙。

战斗结束后，县里在冉庄召开祝捷大会，县武委会发给奖旗一面，县政府奖励手枪一支，县大队奖给大枪两支，冀中军区亦有表扬和嘉奖。

在抗日战争中，冉庄民兵在共产党的领导下，用村落战、地雷战、地道战相结合的战术，以自制枪、炮、地雷为主要武器，有效地打击了日本侵略者。利用地道先后作战 157 次，共打死打伤敌人 267 人。当时敌军中有这样的说法："宁绕黑风口，不从冉庄走。"

▲为了更多地杀伤敌人，地道战与地雷战密切结合，把地雷埋在敌人要经过的路口，等敌人走近就拉导火线。

石井村、山底村、焦庄户村

石井村是满城县的一个大村，距平汉铁路很近，八路军和民兵经常破坏铁路，切断敌人的交通运输。敌人为了保护铁路，常来石井村"扫荡"。石井村的民兵在英雄李全子、肖德顺等的带领下，用地道战法，狠狠打击敌人。1944年12月的一天，2000多日伪军半夜来偷袭石井村。正在站岗的民兵发现远处黑压压一片人影晃动，连忙飞快地跑到队部报告敌情。李全子和肖德顺立刻带领四位民兵战斗小组，到村东头阻击敌人。全村群众迅速而有秩序地进入了地道。敌人见行动暴露了，就把偷袭改为强攻，但三次进攻，都被民兵打退。这时李全子估计群众已全部转入地道，就近也进了地道。敌人不知民兵已经转移，又组织第四次进攻，小钢炮和机枪打了好一阵后，敌人涌进村来，一个人影也没看见。敌人在村内四处搜寻，不断踩响地雷，也不断碰上"长了眼睛的子弹"。敌人在村里折腾了半夜，天渐渐大亮。敌人以为白天是他们的天下，找出地道口对付民兵不成问题了。他们四处翻腾寻找，一切可能有地道口的地方都找过了，什么也没有发现。让他们害怕的是，无论走到哪里，他们的头顶、胸前、背后、脚下，随时都会有子弹射来，防不胜防。此次战斗中，李全子和肖德顺带领民兵前后共出入地道13次，爆炸地雷9颗，投手榴弹30枚，毙伤敌人49名，我3000多名民兵和群众无一伤亡。

被太行五分区称作"战斗堡垒"的磁县彭北区的山底村，也以打地道战而著名。

1945年正月初五，1000多个敌人包围了山底村。全村民兵依靠地道、房屋和街头工事，同敌人周旋了四个小时，打了个四进四出，击毙了70多个敌人。群众高兴地把这种地道、院落、房上的战斗称为"海陆空"联合作战。

现北京顺义县焦庄户村的地道，是一处模范地道。抗战时，日军的碉堡离焦庄户不到1公里，周围四个村庄里都安了碉堡，最远的也不超过8公里，这是敌人严密控制的区域。这些据点里的日军经常出来烧杀抢掠，祸害人民。焦庄户的民兵和群众为了避免损失，保存自己，从 1943 年春天开始挖地道，除了村内挖得户户相通，还挖到村外。到 1946 年，地道南通二三里以外的龙湾屯和唐洞村，北达 1.5 里以外的大北坞村，全村地道的长度达 11 里，构成了一个纵横交错，四面八达的地道网。他们还利用有利地形修筑了 71 个暗堡和一些高房工事。1944 年 4 月，日伪军集结了大队人马来焦庄户进行报复性"扫荡"。当敌人入村以后，遭到不知来自何处的冷枪射击，把他们打得晕头转向，躲也无处躲，藏也无处藏，处处挨打。敌人多方搜索，找不到地道，也找不到枪眼，更看不到民兵踪影，只好乱打一阵枪狼狈逃走。抗日根据地军民曾这样颂扬自己的地道：

地道好，地道妙，
打了敌人钻地道；
明里打，暗里挑，
消灭敌人最可靠；
鬼子气得干瞪眼，
抗日军民哈哈笑！

由于焦庄户利用地道战屡次打击日伪军，后又在解放战争中发挥地道的威力，获得县民主政府颁发的"人民第一堡垒"的光荣称号。

地道战是平原地区的抗日军民创造的在与拥有优势装备的敌人进行战斗的一种奇特的战斗形式。它进可以攻，退可以守，便于把村落战和野外战结合起来，既有利于小分队活动，又有利于大部队隐蔽。不仅可以利用地道打击敌人保存自己，还可以主动出击敌人，沉重地打击了敌军的嚣张气焰，在抗日游击战争中显示了巨大的威力，载入了人民战争的史册。

在冀中地区，仅1944年的冬季就挖了地道12500多公里，在冀中平原的地下构筑了一条伟大的地下长城。特别是清苑县的三区，被日军称为有两个"三区"，一个是地上"三区"，另 个是地下"三区"。日军对此，一筹莫展，束手无策。清苑县附近的冉庄和顺义的焦庄户的地道至今仍保存完好，吸引着国内外的游客，成为名胜，是平原抗日的一大景观。

◎ 美国军人首次参加中国地道战

1944年冬，中国军民经历了13年艰苦、漫长的抗战，进入到反攻阶段。这时国际反法西斯统一战线逐渐扩大，为了配合国际上的盟军作战，延安中央军委总部驻有美军观察组，敌后晋察冀军区成立了联络处，处长由晋察冀军区副参谋长耿彪同志兼任，负责与美军观察组的业务联系。延安观察组派出三名人员到晋察冀军区，其中，艾斯·杜伦决定到冀中平原抗日根据地考察。

艾斯·杜伦的童年在杭州度过，会讲一些简单的中国话。他是陈纳德部队的上尉。此前，他到过重庆、西安，随盟军观察组视察过大后方的国民政府军。

他来冀中的主要任务是：为盟军万一在华北参加协同对日作战做准备，了解共产党军队的抗战情况，搜集日军在华北的情报以及为盟军海空军作战收集气象资料。陆军上尉杜伦受到时任冀中军区司令员杨成武的热情欢迎。杨成武司令员向他介绍了冀中平原开展地道战的情况，并让他到第六、七、八军分区进行了实地观察。杜伦在冀中军区的几天里，作战科、敌工部等有关部门给他介绍了敌我双方情况。他当时表现得有些傲慢，对我敌后军民所进行的游击战争，抱着不好理解甚至怀疑态度。

1945年1月21日早饭后，杜伦从军区驻地肃宁南动身去九分区，由高存信和吴英民同志陪同，同去的还有晋察冀军区政治部、晋察冀画报社摄影记者石少华以及参谋、干事等。大家化了装，穿上深蓝色棉袄，腰上缠着一个大包，头上戴的是黑的或古铜色的毡帽头，有在头上缠着一条白毛巾，穿着打扮尽量和老百姓一样。杜伦也是一样的装束。他身材高大，费了很大的劲才找到一件特大号的棉袄。下午3点多钟到了九分区的住地——任丘县边关村，受到分区司令员魏洪亮和政治委员王道邦的热情接待。吃了饭之后，作战股雷溪股长，带领大家参观边关村的地道，晚上就住在边关村，由于敌情突变，任丘、高阳两县敌人的快速部队2000多人突然向边关奔袭，九分区司令部匆忙转移到有地道依托的高阳县皮里村。

▲杜伦正在考察冀中地道

拂晓，六七百敌人把皮里村铁桶般地包围了，魏洪亮和王道邦陪着杜伦中尉钻进皮里村的地道。他们刚进地道，日军就冲进院子。杜伦有些害怕，魏洪亮告诉他："皮里村的地道是双层的，安全可靠。"正说着，敌人冲上了东房顶。来自白洋淀的特等民兵射手、警卫员张建祥，立即从窗眼向房顶射击，两个日军应声而倒，我们的同志趁机钻进了夹墙地道。敌人拥进东屋，又遭到东屋和北屋的同志利用"翻眼地道"的射击。

敌人遭到很大伤亡，大为恼怒，便在村里到处点火烧房，寻找地道口。后来，由于皮里村一个奸细告密，敌人发现了我们四个洞口，正好是分区领导人和杜伦隐蔽的几个地道的洞口。敌人疯狂地向地道里灌水、吹烟、放毒。杜伦紧张害怕，但他看到魏洪亮拖着冻伤的脚在地道里亲自指挥战斗，看到我们的战士和民兵利用地道的秘密孔眼射击敌人，看到警卫员陈学曾抱着毒瓦斯冲出地道口扔向敌群，他镇静了。我们的同志还把杜伦带到有连通地道的瞭望孔旁，让他看我们利用地道和高房工事打击敌人的场面。他亲眼看到了敌后人民从高房工事里、磨盘底下，从墙根和庙台背后，准确地向敌人射击，还看到了在村里横冲直撞的日军不时被地雷炸翻在地的情景。这时，杜伦兴奋地大叫起来："地道，顶好！顶好！"

黄昏时，日军想溜，魏洪亮和王道邦马上命令部队把敌人死死拖住。这时我第四十二区队接到命令迅速冲进皮里村，与被打得疲惫不堪的日军展开白刃战，杀得敌人鬼哭狼嚎。接着，附近几个县的游击大队和区小队，在地委书记陈鹏指挥下，也赶到皮里村，边关村的民兵和群众也杀向敌人。敌人抵挡不住，狼狈向河间方向逃窜，又遭到我第三十四区队的阻击。最后敌人扔下大量死尸，逃回了据点。

杜伦钻出地道，连声称赞："冀中的地道是万能的，冀中的老百姓顶好顶好的，中国一定能胜利！"

冀中平原的地道斗争和地道战，是冀中军民在抗日战争中，以伟大的英雄气概、坚定的革命性和无穷的智慧，克服了难以想象的困难，创造出来的人民战争的奇迹。在抗日战争中，冀中军民到底挖了多少地道，没有详细统计，仅据1944年下半年以后的统计，所挖的地道就有1万多公里。在敌人残酷的"清剿""扫荡"面前，冀中军民在共产党领导下，以大无畏的革命精神，凭借长年累月一镐一锹修筑起来的地道和机动灵活的战略战术，战胜了日伪军的多次残酷"清剿"、"剔抉"和疯狂"扫荡"，为夺取抗日战争的胜利发挥了重要作用。它将作为一个历史的奇观而载入史册。

华北地雷战

"敌人未到雷先埋，敌人不来引他来，敌人不踩逼他踩，雷公定要把花开。"这是当年抗日根据地民兵爆炸组的行动口号。事实上确实如此，抗战期间，最令敌人心惊胆战的就是这赫赫有名的地雷战了。

说到地雷战，首先得从炸药说起。冀中部队最初使用的是黑色炸药，这种炸药是由"一硝、二磺、三木炭"配制而成的土炸药，威力较小。冀中军区供给部曾试制了一种氯酸钾炸药，想以此来代替黑色炸药，不幸在试验过程中发生了爆炸事故，试验被迫中断。但军区一直在设法提高炸药的质量。

从北平撤出到晋察冀担任冀中军区二军分区参谋长的张珍，受命到北平执行特殊的任务。军区首长吕正操、孙志远决定让他到平（北平）津（天津）保（保定）一带组织地下抗日工作，其中一项任务是寻找能制造炸药的人才。

张珍到北平后找到了学化学的汪德照、张芳、李广倍、门本忠等人。

汪德照等人一到冀中，就组织了研究组，专攻炸药这个课题。为了解决研究中的器材，汪德照曾两次去天津向著名物理学家叶企孙求援。在叶的帮助下，制造雷管需用的化学原料和钢壳，制造雷管的铂丝和控制爆炸用的电动起爆器等都弄到了

▲根据地兵工厂利用炊具制造地雷

手。叶企孙还把在燕京大学借读的清华研究生林风召到天津，在英租界一家药铺里，制造 TNT 黄色炸药，将它浇铸成条皂状，和真条皂混在一起，偷运到了冀中。

另外，冀中曾意外地得到一大批军工原料。一天，张珍到安平公干，当地三分区的司令员沙克找到他，告诉他滹沱河里不知是什么人，抛弃了四五条船，有人说是炸药，大家不敢接近。他知道张珍是化学专家，特地请他去看一下。

张珍带了几个人赶到滹沱河边，带路的人就停下不走了，说河边有雷，走近了就炸。张珍驻足观察了一下船的位置和停泊的情况。分析情况，此船往西，船的锚、缆都没有系紧。这样子很像是从天津往石家庄运的货，可能遇到空袭或紧急情况，船家怕货物爆炸，弃舟逃命的。从停泊的情况看，船家十分慌张，顾不上在岸边埋地雷。根据这个判断，张珍小心留意脚下，没有发现地面有任何痕迹，慢慢地走向河边上了商船。他打开仓盖一看，里边装的是一箱箱的氯酸钾，还有些赤磷、硫化锑，这些都是做火柴的原料。还有一船是钢材，载有钢管和漆包线等。这些原料为冀中制造炸药，解决了很大问题，有些一直用到抗战胜利。

冀中的军火生产，由汪德照等人用两三个月的时间，就解决了安全制造和使用氯酸钾炸药的难题，当时还制造成功了雷汞雷管、电动引发雷管等，培训了一批又一批的战士、民兵，都掌握了地雷制造和使用的方法。

地雷战首先是从晋察冀根据地发展起来的。1940年春天，安国县民兵在反"扫荡"中无意把两枚手榴弹埋入地下，炸伤了两个敌人。这个消息很快传开，群众欣喜若狂，纷纷仿效。各地利用废炮弹、废手榴弹、破铁罐，甚至玻璃瓶，瓷瓶子、瓦罐子等装上自制硫黄炸药和炮弹药，埋在田边地头、井台路面。这些各式各样的地雷和雷阵，对于打击敌人，保护人民生命财产的安全都起到了很大的作用。

随着地雷战的开展，各地军民在拉火雷、踏火雷的基础上又创造了几十种雷型和数不清的埋雷方法。例如，有的在埋雷的地方印上车轮痕迹，表示车辆走过并无危险，而在没有埋雷的地方故意揭开新土，引起敌人的怀疑。有的把草筐或写有骂敌人的标语牌插在地上，等敌人看到把它踢掉时，地雷就开了花。真真假假、虚虚实实的地雷，弄得敌人心惊肉跳，寸步难行。

群众性的爆炸运动是地雷战的主要特点。土造地雷构造简单，使用方便，不仅民兵人人可用，男女老幼都可掌握。像晋察冀的石雷只要把石头打好眼，一有情况安上炸药、安上雷管就能爆炸。所以许多老年人每当看到民兵们造雷埋雷，就前来帮忙。因为有了广大人民群众的支持和帮助，许多地区民兵制造的地雷不仅品种多、数量多，而且地雷埋设的技术越来越高，面积越来越广，威力越来越大。闻名全国的山东海阳县民兵爆炸英雄赵守福、于化虎和女英雄孙玉敏等，曾创造出 30 多种地雷。他们从山区到平原，从根据地到敌占区，经常把出扰的敌人炸得人仰马翻，血肉横飞。仅他们几个人带领民兵就用地雷炸死炸伤敌人 300 多个。有一天晚上，赵守福接到爆炸鬼子登记所的任务后，就想了个办法，将衣服脱光，浑身上下涂上泥巴，同地皮混同一色，然后背着三个大地雷，悄悄地从下水沟里爬到鬼子据点，神不知鬼不觉地埋好地雷，使几十个鬼子和汉奸尝到一顿"铁西瓜"。赵守福和于化虎的家乡海阳县赵瞳村的民兵大摆地雷阵，成为全国地雷战开展最好的单位之一。据晋察冀边区 1943 年 9 月下半月的不完全统计，民兵和部队埋设的地雷爆炸 400 余颗，共毙伤日伪军 1400 多人，毁坦克两辆，汽车 23 辆，倾覆火车 3 列，破桥 12 座。9 月中旬，五台县以东之敌人在桑园集合时，触发大型地雷两颗，当场就毙伤敌伪军 30 多人。另据太行区统计，仅 1942 年反"扫荡"中，全区就有 15 万余人和敌人展开了地雷战，使敌人先后触雷 1900 多颗，死伤 2000 余人。

　　晋察冀北岳区阜平县五丈湾村的爆炸英雄李勇和他的爆炸组是地雷战中涌现出来的突出典型。1943 年 5 月 12 日，敌人大队人马又来"扫荡"，李勇和民兵照例用地雷"欢迎"他们。这次敌人专门派来工兵，在前面探雷开路。他们发现一个地雷就画上一个圈，或插一个纸做的小三角旗，上面写着"小心地雷"。一会儿，前面的路上就画了好多个大圈小圈。后面的人马小心翼翼地跳着走，就像小孩子玩跳圈一样。李勇和民兵们看了笑个不停。眼看敌人快要绕过雷区，李勇端起枪，瞄准前面的日本兵，一声枪响后，那日本兵应声而倒。其他民兵也跟着放起枪来。敌人一下慌了神，再也顾不得跳圈，忙向路边散开，结果踏响了连环雷，地雷一群一群地爆炸了。霎时间，响声震地，烟尘满天。这一顿炸雷，炸死日本兵36人，其中还有一个当官的。当时人们都说，李勇埋的地雷不是死雷，而是"活雷"。有一次，敌人经五丈湾去进攻阜平，他们怕踩上地雷，就顺着汽车轮子压出的辙儿往前走。谁知走着走着，脚下还是爆炸了。原来，李勇埋完了雷，又用车辙做了伪装。敌人不敢再走大路，改走小路后，小路也有地雷爆炸。只好走河滩，河滩也有地雷爆炸。敌人见路旁有两块石头，想坐下休息一会儿，一屁股坐下去，石头就炸开了花。敌人好不容易走到村头菜地，萝卜长得正好，几个日本兵口渴难耐，想吃萝卜解渴，伸手使劲儿一拔，"轰隆隆！"没有吃上萝卜，却吃了一顿"铁西瓜"。李勇带领民兵爆炸组，用地雷战术，先后炸死炸伤日伪军362人，炸毁敌汽车25辆。1944年7月7日，在河北省阜平县的纪念抗日战争爆发七周年的万人大会上，聂荣臻司令员曾握住李勇的手说："你打出了中国人的志气，打出了民兵的威风，不愧英雄称号。我们要向你学习。"

▲ 日军防不胜防，在牌子写上"小心地雷"以作警示。

冀中新乐县的民兵爆炸英雄李混子和太行区壶关县的民兵英雄徐顺孩、武乡县的王来发等，也都是用地雷杀伤大批敌人的能手。如徐顺孩率领全村民兵，在一次历时四昼夜的村庄保卫战中，曾以伤亡两名民兵的代价，消灭了 56 个敌人，创造了敌我伤亡 28：1 的光荣战例。在地雷战中，各地区还出现了许多十分有趣的故事。像什么"天雷阵""地雷看俘虏""仙人脱衣""地雷吃工兵"，等等，至今仍留在人们的记忆里。

▲家家户户、男男女女都会制造地雷、石雷，杀伤很多敌人（1940 年摄）。

那是在 1943 年的反"扫荡"中，晋察冀五台县一带的民兵创造了一种"天雷阵"。一天，民兵侦察到 200 多个敌人，押着 500 多头牲口，正在孟平长峪到五台的大道上，一来一回地运输东西。而这条大道的黑山崖地段，两旁都是 30 多米高的峭壁。民兵们经过测量，把绳子系在地雷的引火线上，待敌人过来时，从崖上把地雷向下一放，那一颗颗地雷刚好落到敌人的脑袋处就爆炸了。结果，一下就炸死 28 个鬼子。

还有一次，是冀中安平县的民兵造了一个大地雷，又造了个铁皮罩子套在上面，里边连着地雷的拉火线。这天，民兵把它端端正正地放在公路上。敌人见了很出奇，就把它搬进城里营房去参观。鬼子、汉奸争论纷纭，这个说要打开看看，那个说要研究研究里面是什么东西。说着说着，小队长把铁皮一打，地雷就开花了，周围要"参观"的20多个敌人，一下完蛋了。民兵们称这种地雷是"仙人脱衣"。

1944年冬，晋绥岢岚县民兵在反"扫荡"中，还出现了一个用地雷看守敌工兵的故事。事情是这样的：一天，民兵们在前后两队敌人之间抓到一个肩挂白布、手持短棒的敌工兵。哪料，这家伙知道后面的大队人马就要到了，不光不走，反而大喊大叫。民兵们怕后面的敌人发现，就把他拖进附近的一个小山沟，将嘴塞上，又把拉雷绳解下来，一头拴住他的腿，一头捆住他的脖子，中间再挂上一颗地雷，民兵就上山了。这家伙躲在沟里，心里着急发慌，想喊不能喊，想动不能动，老老实实地等敌人过去。这就叫"地雷看俘虏"。

在民兵地雷战的打击下，侵华日军对我地雷战极为恐惧。1943年11月26日出版的伪《民众报》上，在写到敌军进攻我根据地的情景时说："踏上匪土地，正是如临深渊、如履薄

▲民兵在埋地雷

冰、人人不安、谈雷色变。"来扫荡的敌人，被炸得走投无路。
他们走大道，大道炸，走小道，小道也炸，走庄稼地、渠道、
河滩等，也挨炸。炸得鬼子不敢贸然前进，只好绕绕转转，走
走停停，队伍零零散散的没个队形，一个个耷拉着脑袋像送
葬，慢得简直像乌龟爬。

白洋淀上雁翎队

　　白洋淀，坐落在保定以东，跨雄县、安新、任丘三县。这个美丽的淡水湖，面积600多平方公里。它汇合唐河、潴龙河水，经大清河注入海河，是天津、保定间内河航运的中枢。这儿盛产白玉似的大米、肥美的鱼虾、鲜嫩的菱藕和驰名的安州苇席。它像一颗耀眼的明珠，嵌在辽阔的冀中平原上。

　　1938年，侵华日军的魔爪伸进白洋淀，并在赵北口、同口安下据点。从此，日军的汽艇横冲直撞，撞翻了淀上的渔船，撞折了淀里的荷茎，就连那驯服的鱼鹰也惨遭毒手。血腥的"三光政策"，使淀里及沿岸的46个村庄，变为废墟；仅在端村，一次就集体枪杀了200多名群众。富饶的鱼米之乡，变成了人间地狱。群众被夺去了渔船，被赶出了村庄，有的还遭到无端杀害。群众被迫靠地梨、水草充饥度日。日军的凶残并不能使人民屈服，白洋淀人民在中国共产党的领导下，抗日斗争情绪日益高涨，纷纷组织起来，充分利用水淀有利的地形，开展水上游击战争。雁翎队就是其中最著名的一支抗日武装。

◎ 水上抗日雁翎队

　　白洋淀人民拿起打野禽的大抬杆（大型土枪），驾着枪排

（打水禽用的一种小船）和渔船，组成了一支水上游击队——安新县大队三小队，利用湖河汊港的有利地形，战斗在白洋淀上。战士们唱着自己编的歌曲，表达着不屈的意志：

> 白洋淀是咱家乡，保卫家乡理应当，
> 只要不当亡国奴，喝口淀水也舒畅，
> 鬼子一天不消灭，决不放下手中枪。

小队刚成立的时候，只有20多名战士，十几副大抬杆和20只小船。但是，他们对白洋淀了如指掌，又有丰富的水上生活经验和对日寇不共戴天的仇恨，因此首战便歼灭了20多个由安新去赵北口的鬼子，并打坏了一只汽船。战斗结束以后，当他们返回寨南村，在欢迎他们的人群中，有两位老人指着船队，高声赞美道："看，多威武，简直像支雁翎队！"人们看着摆成人字形的20只小船，也一齐欢呼起来："雁翎队！"此后，白洋淀的人民，便以"雁翎队"这个名字，代替了游击队的正式番号。不久，上级也就正式命名三小队为雁翎队。

雁翎队在战斗中渐渐发展、壮大起来。土枪换上了三八大盖，歪把机枪代替了大抬杆。到1940年年底，全队已发展到180多人，拥有50多只船。雁翎队就像一把锐利的尖刀，插在敌人津、保水上航线的咽喉上。

1941年，侵华日军对我晋察冀根据地的"扫荡"和"蚕食"更加频繁、残酷。"蚕食"的矛头，首先指向被称为"八路军棉粮库"的冀中。3月，驻安新的敌首龟本，从天津、保定调集了130多只汽船，配合步兵和骑兵，对我白洋淀开始了水、陆联合"扫荡"和"蚕食"。

敌人的汽船，穿梭般地巡逻在白洋淀上。日寇、伪军、汉

▲活跃在冀中白洋淀上的游击队——雁翎队

奸、特务，像无数的蝗虫，布满了白洋淀的大小村庄。岸上无处立足，雁翎队便化整为零，利用苇塘掩护，在淀上与敌人周旋。此时，白洋淀上能够代替粮食的东西还没有长出来，队员们只有以鱼虾当饭。没有油，没有盐，清水煮鱼虾，腻得人发呕。天长日久，很多人鱼虾刚落肚，立刻又哇哇吐出来。但是大家都懂得坚持下去的意义，吐出来，捧口淀水漱漱口，再吃！没有烟吸，大家就把干荷叶揉碎卷成香烟，并给它起了个美丽的名字，叫作"荷花牌"。生活虽然如此艰苦，但没有一个人叫苦，雁翎队还是照样积极寻机打击敌人。敌人的汽船不能进苇塘，浅水不能航行，队员们就驾着小船，从这个苇塘钻到那个苇塘，从这条河汊转入那条河汊。有时埋伏在敌人汽船必经的苇塘边，打敌人个措手不及；有时利用夜幕掩护着，摸进敌人的据点，贴标语、撒传单，给敌人以突然袭击。战士们把这种生活编成歌唱道：

东边"扫荡"西边转，岸上不行蹲苇塘。

驾着船儿快如梭，鬼子汽船追不上。

急得鬼子团团转，我们又回老地方。

瞅准机会打埋伏，揍他一个冷不防。

就这样，雁翎队就栖居在一叶扁舟上，渡过了 60 个露重雾浓的夜晚，熬过了 60 个饥肠辘辘的白天，始终没有离开过白洋淀。

◎ "扫帚炮"苇塘显威风

两个月过去了，白洋淀上的芦苇绿油油的一眼望不到边。这时候，鬼子已在白洋淀周围修起了 38 个炮楼，村村都建立了伪政权。他们认为白洋淀已经"没戏"了，便草草结束了"春季扫荡"。鬼子往来于安新、赵北口之间的包运船，也频繁起来了。

1941 年 7 月 1 日清晨，侦察员赵波、田震江报告：20 多个鬼子和 30 个伪军乘汽船两只，从安新去赵北口，下午返回。队长郑少臣同志兴奋地对张希平说："老张，打个伏击，纪念党的生日。也叫鬼子知道知道，我们雁翎队还在，别太嚣张了。"

雁翎队决定在大张庄的苇塘中伏击敌人。此时正是旱季，许多苇塘干枯了。雁翎队把 20 副大抬杆装满闷药和黄豆大的铁砂，架在苇塘边，步枪班和手枪班配置在两边。规定以郑队长打掌舵的鬼子为信号，大抬杆一齐开火，步枪班和手枪班乘敌人被大抬杆打得晕头转向时，向敌人的汽船冲击。布置就绪，已响午了。每个人采了一张荷叶戴在头上遮太阳，不走到跟前，很难发现这里设有埋伏。

好容易等到太阳偏西，东边隐隐约约传来了马达声，大家立刻紧张起来。有的伏在船头上，从芦苇缝隙中向外瞭望；有的拿着香火，蹲在大抬杆一旁。不一会渔翁打扮的田振江，划着一只小船嗖嗖地驶来。他既兴奋又惋惜地说："队长，来了！可惜就一只，另一只离得远远的。"郑队长和张希平研究了一下，一致认为，只要把前面的汽船放近些，我们的动作迅速、勇猛一些，打他个措手不及，完全有可能在后面的汽船赶到之前，把它搞掉。最后郑队长坚决地说："打！坚决地打！来他个虎口拔牙！"

不一会儿，敌人的汽船划破平静的水面，隆隆驶来。渐渐地，连船上的鬼子都能看得清清楚楚了。郑队长趴在船头上，驳壳枪从芦苇缝中伸出去，紧瞄着扶舵轮的鬼子。当鬼子的汽船离我们只有100多米时，只听到"砰"的一声，扶舵轮的鬼子一头便栽倒在舵轮旁。紧接着，20副大抬杆同时天崩地裂般吼叫起来。火光映红了淀水，霰弹暴雨似的倾泄到敌船上。失去舵手的汽船，如同被抽打着的陀螺打起转来。这时候，步枪、手枪也以排射向敌船开了火，汽船立刻被打得像蜂窝似的，机器也不叫了。几个没有受伤的鬼子，扑通扑通跳进水里，企图游水逃跑。郑队长大吼一声"冲啊"，几十只小船便像离弓的箭一样冲出苇塘，直射向鬼子汽船。战士们驶近敌船便投出一排手榴弹，敌船立刻被烟火淹没了。接着，大家便驾着船追赶企图逃命的鬼子。一个队员发现一个鬼子游着水还向我射击，他一个猛子扎到水里，不一会儿，只见他钻出水面，两手狠命掐住鬼子的脖子，一下子就把鬼子按进水里。眨眼的工夫，鬼子便像一块朽木，漂浮出水面。另一个队员也追上一个鬼子，他举起船篙，篙头上的铁叉对准鬼子脑袋狠命扎下去，一直到水里再不冒泡时，他才拉出了船篙。这时候，东面传来了汽船的隆隆声。从王家寨来的鬼子的汽船，一面飞速前进，一面猛烈向雁翎队射击。郑队长见被击伤的汽船已开始倾斜、下沉，立刻命令转移。雁翎队把小船开进苇塘，故意蹬翻，把大抬杆沉入水底。然后，每人摘一张荷叶戴在头上，背着枪，向荷塘的深处游去。此时，白洋淀上荷花盛开，一望无际的荷塘上，荷叶摇曳，莲花摆动。雁翎队在密密层层的荷叶掩护下，穿插在散发着清香的莲花之中，安全地游出包围圈。

▲雁翎队队员

打了敌人的汽船以后，各据点到处传说雁翎队有了"扫帚炮"，要是挨上"扫帚炮"，满身窟窿。敌人的单船再也不敢往来在白洋淀上了。于是雁翎队乘胜上岸，向敌人的据点发动进攻。

这时候，鬼子绝大部分回到了安新、赵北口等老巢，白洋淀上的据点多系伪军把守。根据这个情况，雁翎队首先向伪军展开了政治攻势。天一黑，雁翎队便分散潜入敌人岗楼附近，宣传抗日道理，指名道姓地警告那些为非作歹的分子。同时，又普遍发动伪军家属和亲友给伪军写信，劝他们不要为鬼子卖命，给自己留条后路。对于那些群众恨之入骨的铁杆汉奸，雁翎队采取了杀一儆百的政策。郭里口伪军队长佟文祥是个死心塌地的汉奸，残忍而狡猾，杀害了不少抗日群众。1942年的一天，佟文祥在一大群"保镖"的簇拥下，乘船到新安城开会。雁翎队得到情报，决定乘佟文祥返回时除掉这个作恶多端的家伙。侦察员赵波奉命执行这一任务。他率领三只小船，在佟文祥回来的路上埋伏停当。傍晚，佟文祥乘船回来了。奇怪的是，去时只有一只船，回来时变成了两只船。佟文祥在哪只船上呢？待船儿走近，赵波发现第一只船上只有两个渔民装扮的人，佟文祥的打手都在第二只船上，于是放过第一只船，向第二只船发起攻击。步枪，手榴弹一阵猛打后，队员们冲上敌船，才发现佟文祥不在这只船上。藏在第一只船上的佟文祥听到后面的枪声，正以为得计，不料迎面又有一只船拦住去路。这时后面赵波的船又紧追了上来，佟文祥忙跳入水中逃命。赵波手疾眼快，砰砰两枪，打得那家伙再也没有从水里浮上来。此后，又先后除掉了群众称之为"三害"的伪军中队长韩恩荣、参谋长曹墨林、副官冯德心，并公布了他们的罪状。经过这一系列的工作，伪军投诚的和秘密跟雁翎队接头的日渐增多。一连串胜利，更加鼓舞了群众，群众性对敌斗争也轰轰烈烈开展起来。游击小组到处埋地雷、打冷枪，弄得炮楼里的敌人根本不敢外出。

◎ 赵波妙拔"税收楼"

大清河同白洋淀连接的喇叭口，有一座长达两里的大桥，名叫十二座连桥。这是人们进出白洋淀的水陆咽喉。鬼子占了白洋淀后，一眼就看上了这个地方。他们把桥下面12个桥洞堵死了11个，只留最南边的一个桥洞过船。在桥北墩的大镇子赵北口建立了大据点，驻了一个中队的鬼子和两个中队的伪军，在桥南墩已经没有人住的名叫十房院的地方修了个"税收楼"。

税收楼给抗日工作带来了很多的困难，经常有一些运送药品和物资的同志在这里遇到意外。税收楼安在十房院，就像根毒刺扎着雁翎队的心。9月里，上级下达指示：拔掉税收楼，粉碎敌人"以战养战"的阴谋。雁翎队的侦察英雄赵波立即抢到了这个任务。

要拿掉十房院的税收楼，那可真是虎口拔牙。白天，这里是赵北口敌人眼皮底下的一棵"摇钱树"；夜晚，这里是敌人重点警戒的"聚宝盆"。别说拿掉它，就连侦察也不容易。狡猾的敌人在税收楼的一边盖了间平房，专派一个警长在那里收税。过往行人被迫交税只能到平房去，根本就不许靠近岗楼一步。故要"虎口拔牙"，就得先虎穴探险。赵波想出了一个进岗楼侦察的办法。

一天早晨，天刚发亮，赵波头戴破草帽，光着脚，穿了身渔民衣服，腰间系了条苇眉子编的腰带，带着鱼鹰，划船来到十二座连桥。

税收楼站岗的伪军发现了赵波，倒提着枪懒洋洋地走到岸边朝他大喊起来："喂，放鱼鹰的，靠过来！"

赵波把船靠到岸边，伪军伸着脖子盯着船舱问："逮了多少？""没几条，净小的，只有一条大点儿，还是鲫鱼。"赵波不慌不忙地回答他。

"你当我不知道鲫鱼更香？一条也得交！"伪军狐假虎威

地说。

"这……"赵波装出挺为难的样子。

伪军见赵波不痛快，便"哗啦"一声拉了下枪栓，瞪着眼喝道："你想不交吗？米有米税，鱼有鱼税，这是王八的屁股——规定（龟腚）！"

赵波装作无可奈何的样子，从船舱里拿出了一斤多重的大花鲫鱼，心疼地看了看，又狠了狠心似的要扔给伪军，嘴里却说："小心扎手，这可是花的，扎着有毒！"

"别扔，别扔，你给我送进去！"伪军看着那一根根钢针似的鱼刺，急忙摆着手，一边躲，一边说。赵波已知道这里的伪军多数是白洋淀人，他们知道被花鲫鱼刺扎着，血肉就会腐烂，所以才特地给他们准备了这份"见面礼"。

赵波一看伪军上了圈套，暗暗高兴，却故意装出不情愿的样子来到岸上，慢慢地钩着船缆，赵波明白伪军是让他把鱼送到平房去"纳税"，但要弄清岗楼里敌人的情况，赵波成心跟他打马虎眼，趁伪军正转身望着淀里又划来的船只的当儿，直奔岗楼。当伪军转过身来，发现他没去平房而大声喊他的时候，他已经迈步进了有敌人睡觉的岗楼门，把岗楼里里外外都看了个一清二楚。

回到驻地后，赵波把情况向队长郑少臣作了汇报，并建议，强攻硬打不行，可以化装奇袭。组织上很快批准了他的方案，并派战士张牛、张亮哥儿俩和赵波一同前往。

又是一个天刚蒙蒙亮的时候，站在驶往税收楼的木船上的赵波，却完全变了另一副模样。只见他头戴灰色呢子礼帽，身穿黑色大夹袍，脚蹬圆口皮底夹鞋，再配上那副金丝眼镜，真有点跑津下卫的青年商人的派头。张牛和张亮也都化了装，一个装船工，一个装伙计，熟练地划着船。船上放着装满稻糠的大米口袋和洁白的苇席。为了麻痹敌人，赵波还在船头上放了渔民做饭用的锅灶、面板和一棵切掉一截的大白菜。有水上生活经验的一见这些，就明白这只船是出远门的。

船离税收楼只有几十米了，岸上的一切都能看清楚了，但还没听到平时站岗的伪军那种蛮横的喊叫声。赵波心里有些纳闷：是站岗的睡着了，还是敌人有了准备？为了弄个明白，赵波朝税收楼喊了一声："警长起来了吗？"像是问屋里，又像问外头，赵波喊得很轻、很慢。

随着喊声，平房门开了，一个伪军背着枪，打着哈欠，懒洋洋地走了出来。赵波跳到岸上，伪军走过来喊："你瞎咋呼……"那个"嘛"字还没出来，上下一打量赵波就不说话了。赵波朝他微微一笑，稍微抬了抬礼帽，点了点头，接着又回过头，板着面孔，以掌柜的口气朝船上说："把船缆系好。"

张牛、张亮懂得赵波的意思是"敌人没有准备，可以动手"，便立即跳到岸上，系上缆绳。

这时，伪军好像找到了发作的机会，蛮横地喊："只许一个人交税，其他人不许上岸！"说着冲张牛、张亮走了过去。

"嗨！歇歇脚，老总，抽烟……"张牛说着，掏出烟卷凑近了伪军。

赵波见伪军被缠住了，便三脚两步朝平房走去。他打算先收拾伪警长，然后再收拾岗楼里睡觉的伪军。但是推门一看，不由得心里"咯噔"一下愣住了。原来平日只住一个伪警长的平房，这时却挤着四个伪军，看样子他们刚睡醒，正在被窝里抽烟。大枪都顺着身子放着，手榴弹就垫在枕头底下。赵波定了定神。飞快地朝屋里扫了一眼，肯定敌人并没有防备以后，这才回过头来，一边想着对付伪军的办法，一边想着怎样对付伪警长，随手把一条"双猫"牌香烟放到桌上。

伪警长正别着鸭子腿侧身坐在椅子上抽烟，只见他撩起耷拉着的眼皮斜视一下桌上的烟卷，撇了撇嘴，就又侧过身去继续抽烟。赵波明白他的意思，假装思索了一下说："我这还有点钱，准备路上用的，也给弟兄们买包茶叶喝吧！"说着便伸手掏钱。

伪警长贪婪地伸着脖子等着，炕上的伪军也忘了抽烟，两眼直盯着赵波的手。

这时，只听门外传来一声"不许动"的低喝声，伪警长还没弄清怎么回事，只见"噌"的一下，赵波伸到内衣掏钱的手把支锃亮的手枪伸到了他的面前。伪警长"啊"了一声，顿时瘫在地上。

炕上的伪军都吓呆了。一个伪军刚要伸手拿枪，赵波手枪一指，喝道："不许动！动就打死你！"在赵波威严的目光和那乌黑枪口的逼迫下，伪军拿枪的手乖乖地举了起来。

这时，张牛、张亮押着敌人哨兵进了平房，把敌人的枪支、弹药敛到一起。赵波向一个伪军问了几句，便把俘虏交给张亮看着，自己和张牛飞快地朝岗楼奔去。

原来昨晚来了个"串楼"的女人。不知是伪军队长把他们赶了出来，还是他们为了巴结队长主动让位，几个伪军才临时住了平房。

赵波、张牛踢开门，闯进岗楼。那个伪军队长还在做着甜蜜的美梦。赵波上前一掌，把他打得鲤鱼打挺似的坐起来。赵波顺手从枕头底下把伪军队长的手枪抓到手里说："不许动！快穿衣服，到楼下集合！"伪军队长还没醒过梦来便当了俘虏。那个"串楼"的女人早就吓得蒙上被子哆嗦成一团了。

这时，张牛已到岗楼上把几箱手榴弹搬了下来。他们迅速地把缴获的武器装上船，把装在麻袋里头充当大米的稻糠倒在淀里。当桥北鬼子发现税收楼被端的时候，赵波他们已经钻进苇塘无影无踪了。

◎ 里应外合端炮楼

在游击队和民兵齐心协力打击下，伪军逃跑的越来越多。鬼子为了加强对伪军的控制，撤掉了邸庄、大田庄、寨南村等据点，把十多个伪军集中在大淀头朱百万的大院子里，并增修了岗楼。县委命令雁翎队坚决消灭这股伪军，于是一场巧妙的歼灭战开始了。8月的一天晚上，乌云密布，雷声隆隆。根据有经验的渔民推断，半夜将有暴风雨。郑队长带着张亮、王贵，化装成送菜的，在内线关系的接应下，潜入了朱家大院。指导员槐哲民，带着全队，隐蔽在朱家大院周围。半夜过后，朱家大院的灯光全熄了。过了一会儿，只见平时开动起来叮叮哐哐的大铁门，无声无息地打开了，张亮探出头来摆了一下手，雁翎队便鱼贯而入。正在这时，雷电交加，大雨倾盆，正好掩护了雁翎队的行动。按照事先的部署，邸芝科两个班进入东厢房；槐哲民同志率领两个班直扑炮楼二层；赵波、李向其、张牛三个人对付西厢房的伪军中队长胡风才；郑队长和张亮、王贵爬梯子直攀炮楼顶，收拾敌人哨兵。几分钟后，东西厢房和炮楼里敌人的全部枪支，都被雁翎队一声不响地收缴了，而伪军们却还在呼呼地睡大觉。这时候，只听到郑队长在炮楼顶上喊了一声："不许动！"二楼和东西厢房，也紧跟着爆发出"举起手来"的吼声。伪军们从梦中惊醒，有的还躺着就举起了双手，有的举着手还梦呓似的喃喃自语着："我不动！我不动！"伪军中队长胡风才，睡梦中还以为是伪军在说梦话，爬起来大骂道："孬种，你们都叫雁翎队吓破了胆……"可是当他看清站在他面前的正是雁领队的队员时，也赶忙抖动着举起手说："我不动，我交枪！"战斗胜利结束了。共缴获三八枪 50 多支，手枪 1 支，手榴弹 20 多箱。最后，雁翎队让胡风才清查一下人数。他查了半天说："只有伙夫老朱逃跑了，其余一个不少。"他哪里知道，伙夫老朱早就成了雁翎队的内线关系，这个一枪未放的歼灭战，就是在他帮助下安排的。现在，他已奉命"逃跑"给鬼子"报信"去了。

▲1943 年雁翎队端掉白洋淀赵北口岗楼，雁翎队员当即把岗楼拆掉时的情景。

◎ 全歼河防大队

雁翎队愈战愈强，敌人往来于津、保间的包运船，怕雁翎队截击，只得成群结队，并派河防大队护送。为了切断敌人这条水上运输线，区委决定选择有利时机消灭河防大队。为此，部队派田振江、赵波带着侦察小组，整天出没在敌人的据点附近。

这一天终于来到了。中秋节前夕，赵波从赵北口回来报告：敌人包运船110只，满载苇席、鸭蛋、小麦及其他军用物资，明晨从赵北口启程运往保定。负责护送的河防大队，由15个鬼子和110个伪军组成，携带重机枪一挺、轻机枪两挺。这真是个难得的好机会，郑队长决定埋伏在赵庄子村西、王家寨村东的苇塘里，全歼河防大队，截下包运船。

夜深人静，浑圆皎洁的月亮，像一个银盘高悬在碧蓝的天幕上。棹儿起处，撕破了锦缎般的水面，漾起鱼鳞似的漪波。船儿飞驶着，五更时分便进入了阵地。雁翎队把船只藏好，头戴荷叶，静静地等待敌人的来临。

朝霭还没有散尽，远远地便传来了吱吱呀呀的橹声。抬头望去，一溜高大的桅杆，在芦苇梢上露出来。接着，张亮驾着鸭嘴小船，赶着鱼鹰钻进了苇塘，他是去侦察敌情的。侦察的结果与赵波的报告完全相符。说话间，敌人的船队已出现在眼前：前面是100多只包运船，鬼子和伪军都坐在最后的三条船上。他们离包运船100多米，毫无戒备，正在你抢我夺地吃早饭。只有一个瞭望哨坐在桅杆尖的横板上，鬼头鬼脑用望远镜在瞭望。郑队长立即命令大家隐蔽好，放过包运船，集中火力打河防大队。

湖水哗哗地响着，一只紧接一只的包运船驶过，不一会儿，100多只船全拐过苇塘。鬼子见包运船拐了弯，一面叫喊一面匆匆地赶上来。第一只船刚接近雁翎队，郑队长"啪"的一枪，瞭望的鬼子立即四脚朝天摔了下来。与此同时，雁翎队所有的火器一齐射向三条敌船。正在吃饭的敌人，顷刻间便东仰西歪倒了一大堆。郑队长大喊了一声"突击组跟我来"，几十只小船一齐冲向敌船。战士石老刚攀上第一只船，见敌人的机枪射手正在架机枪，甩手一枪，打死了鬼子，抢过了机枪。郑队长则攀上敌船，两个鬼子同时向他扑来。他一枪撂倒一个，另一个竟从背后抱住了他，两人扭在一起，三转两转滚到水里。郑队长的水性是有名的，他把鬼子按在水里，灌成了个气蛤蟆。这时候，赵波也带领步枪班冲上了敌船，只几分钟，第一只船上的敌人便全被解决。

邸芝科指挥全班向第二只船冲去。刚冲出不远，敌人的重机枪便叫了起来。密集的子弹，打得水花四溅，封锁着雁翎队的前进道路。邸芝科、强亮和"车秃子"见小船被阻，一头扎进水里，一个鸭子追鱼便游到敌船边。邸芝科抓住船帮刚爬上半截身子，便中弹牺牲了。张亮一见，一手抓住船帮，抽出一颗手榴弹，用牙咬开盖，用舌尖钩出弦，对准敌人的重机枪狠狠投了过去。敌人的机枪立刻哑巴了。赵波高首先翻上敌船，一连挑死了好几个顽抗的敌人。伪军见雁翎队登上船，吓得丢魂丧胆，一大个子首先举着手钻出船舱说："我们交枪，我们交枪！"一大群伪军紧跟在他的后面。事后才知道，领头交枪的大个子正是河防大队长秦风祥。郑队长跳到第二只船上，一面命令突击组准备冲锋，一面趴在席堆上，从容地瞄着机枪射手。只听到"叭！叭！叭！"一连三枪，机枪和机枪射手同时滚翻了。突击组趁势攀上敌船，与鬼子打起了交手仗。除击毙一名外，拥挤在船舱里的四个鬼子和许多伪军，都在雁翎队雪亮的刺刀面前，举手投降了。战斗胜利结束。郑队长一面派出船队令包运船停住，一面清查了一下战果。共计缴获重机枪一挺，轻机枪两挺，步枪110多支，手枪10支。可是，15个鬼子打死了10个，活捉了4个，还差一个对不上数。战士们从这个船舱搜到那个船舱，仍不见踪影。最后，张大清在第三只船的炉灶旁发现一个饱鼓鼓的麻袋，他踢了一脚，麻袋不停地哆嗦起来。他抓住麻袋使劲一提，竟从麻袋里滚出一个鬼子来，手里还攥着一支手枪。张大清伸手夺过他的枪，仔细一看，原来他就是凶残的刽子手世加三郎。

▲雁翎队战斗之余

战后，冀中第九军分区通报嘉奖了雁翎队全体指战员，赵波被评为抗日战斗英雄。

雁翎队机智勇敢地开展水上游击战，不断打击敌人，有效地保卫了白洋淀水上抗日根据地，人民群众热情称赞他们：

白洋淀上好武装，日日夜夜保家乡，
东边打来西边转，岸上不行蹲水塘；
驾着渔船快如梭，鬼子汽船赶不上，
急得鬼子团团转，小船又回老地方；
瞅准机会打伏击，揍它一个冷不防，
鬼子碰上吓破胆，人仰船翻缴了枪。

雁翎队从 1938 年开始，打过有名的战斗上百次，消灭了数以百计的日本侵略军和伪军。土枪、土炮，是雁翎队抗日初期的主要武器，随着抗日战争的开展，雁翎队在连续的英勇杀

敌的战斗中，用缴获敌人的武器，武装壮大着自己。仅 1941
年后就用缴获敌人的三八枪、轻重机枪、小钢炮武装了整整
200 多人的游击队。在日本投降前的 1945 年 4 月间，身经百战
的雁翎队员们，就用敌人送来的枪炮，把日本侵略者赶出了白
洋淀，建立了人民自己的政权。

粉碎日军九路围攻

　　晋东南敌后根据地，对华北日本侵略军来说，似芒在背，如鲠在喉，使他们日夜不安。1938年4月，日军大本营决定对晋东南地区进行一次大规模的围攻。他们以第108师团为主力，并纠集了第16、20、109师团及酒井旅团各一部，共八个步兵联队，外加骑兵、炮兵、工兵、辎重兵各一两个联队，总计3万多人，由同蒲路的榆次、太谷、洪洞，平汉路的邢台，正太路的平定，邯长大道的涉县、长治，以及临（汾）屯（留）公路的屯留等地，分九路扑来，实行所谓"广大广大地开展，压缩压缩地歼灭"的作战原则，妄图把八路军主力"合击"、消灭在辽县、榆社、武乡地区。

　　日军在围攻途中，加强了政治宣传。他们组织了一批"宣抚班"，随军活动，以北平伪组织的名义，散发反动传单和宣传画，对老百姓进行欺骗宣传。同时更加疯狂地对根据地人民进行奸掳烧杀，所到之处无一幸免。到处都是余烟弥漫的村镇。在河滩上，常常可以看到被河水冲到岸边的破桌椅、门窗等。在有些村庄，还可以看到老百姓埋在地下的粮食被日军挖出来撒上了屎尿；还有被割掉臀部的猪、牛，血淋淋的死狗、死羊。更令人惨不忍睹的是死于日军刺刀下、血肉模糊的老太太及小孩的尸体；被日军轮奸后，用刺刀从下身一直豁到腹部的女尸……

刘伯承每次目睹这些情景，或者接到关于日寇奸掳烧杀的报告，就抑制不住内心的愤怒。他对受害的群众非常关心，立即指示部队去帮助老百姓掩埋尸体，收拾和修补房屋，尽量想办法供给受害的老百姓一些粮食和必需的日用品。

◎ 准备反围攻

1. 师部首先进行反围攻的紧急动员。政治部编印了"临时紧急教材"，发到连队。各部队普遍发起了"看谁最能够执行命令、坚决勇敢、节省子弹、多捉俘虏、多缴枪炮，严守战场纪律"的竞赛，并先后举行了粉碎敌人围攻的誓师大会。

▲1937 年冬，徐向前向第 129 师干部作报告。

2. 部队的政治工作干部，协同县政府组织了反围攻总动员实施委员会，召集各抗日救亡团体举行联席会议，讨论和制订具体的反围攻工作计划。许多村庄都召开了民众大会，戳穿敌人的欺骗宣传，控诉日寇的残暴罪行。军民群情激昂，都积极要求投入反围攻的准备工作。

3. 动员群众在日军来村镇之前，运走和埋藏好一切粮食，赶走家畜和骡马，搬走锅碗瓢盆，拔出磨心，掩埋水井，实行彻底的"空舍清野"，使敌人来到时，没有吃的，没有喝的，也没有用的。还动员群众组织运输队，帮助部队运输粮食弹药、报敌情、当向导，等等。许多村庄的自卫队，破坏了日军必经的公路，并且经常主动地捕捉汉奸、敌探。

沁县、榆社等几个县反围攻的准备工作做得最好。当我军有一次退出沁县城时，全城的老百姓都跟着撤到山上，撤走了必要的用具，掩埋和运走了粮食，连城墙都拆了。日军进城时，到处都是空洞洞、静悄悄的。日军害怕里边有埋伏，不敢在城里住，只好退到城外野营。

4. 第 129 师敌工部门在每个连队都组织了三至五人的"喊话队"，专门负责在战斗打响后向日军喊话。在敌军可能经过的村镇，庙宇、树上，都写上宣传标语；还印发了一批瓦解日军的宣传品。到 4 月上旬，我们反击九路围攻的准备工作大体就绪。

◎ 向合击圈外游击

早在响堂铺战斗之前，八路军就获知日军要举行九路围攻。4 月 5 日，八路军又截获一封日军的信件，从中得知日军已建好一个新飞机场，即于当天中午 12 时以加急电报向集总报告：

（一）在获敌信件中有说第 108 师团师团部于 28 日由潞安开赴高平，说潞安造好飞机场，大概停有几十架飞机待命……

（二）韩团报高平 3 日到敌。晋城昨有四五百人出城，4 日进到五门镇，似系打通高晋交通。晋城之敌在其附近抽壮丁并抢粮食。

4月8日清晨，第129师邓小平政委和倪志亮从和顺附近发来一个情报。刘伯承师长和徐向前副师长在早上7点钟就转报八路军总部朱德总司令、彭德怀副总司令：

据邓、倪报：

（一）邢台驻敌约步骑七百余，机枪六挺，炮十门；内邱有敌三百余；邯郸有敌约二千余，炮八门。

（二）五日敌火车三十余节，满载粮食弹药开邯郸同时该地北开火车二十二节，均载打坏坦克、装甲车及破坏器具，并有中国青年妇女二十余人。

（三）五日由太谷敌北开二千余到柯次。同日敌三百余增长凝，该地敌无动作。

从以上电文，即可以看出日军当时备战的情况。

八路军还从缴获的日军文件里发现了一张作战地图。在这张图上，画着九个箭头，每个箭头后面标着日军的部队番号。根据我军获得的其他大量情报分析，这张图恰恰就是日军九路围攻晋东南的作战计划图。从箭头所指的方向可以看出，日军是企图在辽县、榆社、武乡、襄垣地区将我军消灭。

集总当时制定的作战方针是：以一部分兵力钳制日军其他各路，集中主力相机击破其一路。

在晋东南参加反围攻的部队，除第129师外，兄弟部队有第115师的第344旅、决死第一、三纵队，还有部分友军。

4月7日，刘伯承和徐向前草拟了一个作战设想，用电报发给正在和顺的邓小平政委和倪志亮，征求他们的意见，并报请集总指示。其设想是：先发制敌，分头截击敌人，消灭人马资财，特别抓紧破坏敌运输线之平汉、正太、同蒲及白晋公路，以推迟其围攻，同时加紧敌人包围圈外的游击，准备给敌人以更大打击。

4月9日，师部又召开了团以上干部会议，以这个设想为基础，让大家详细研究反围攻的具体作战计划。随即，八路军、决死队、友军武士敏部及骑兵团王奇峰部，在朱总司令、彭副总司令的统一指挥下，内线、外线配合，同日军周旋在太行山上。

当各路日军开始出动时，第129师主力及344旅689团即由辽县以南，向东进至日军合击线外边的涉县以北地区，让日军扑了个空。

10日前后，从东、西、北三面进犯的日军，相继侵入根据地。除由平定经昔阳、和顺南下的一路侵占辽县，由昔阳经皋落南下的一路窜至辽县以东的芹泉外，其他各路都被预置于内线的344旅主力、决死第一纵队、各基干支队和集总特务团拦截阻击。日军暂时迟滞于沁源县城和太谷县城以南的东西团城，榆次以东的阔郊、马坊，辽县东南的麻田，邢台以西的浆水等地。这样一来，日军预期将八路军主力合击在辽、榆、武地区的计划就落空了。

南面日军的第108师团骑兵6000余人，同时分两路北犯：一路以第105联队为主，由长治经襄垣向辽县进犯；一路以第117联队为主，由屯留经沁县向武乡进犯。

4月11日，师部到桐峪镇宿营。邓小平于当天晚上从和顺赶回师部，和刘伯承、徐向前共商反围攻作战计划。

14日，中方侦察参谋向一位由榆社县城来的老乡了解到：日军1000多人，13日带着四门炮，由武乡开往榆社。他们到了榆社后，因群众早已"空舍清野"，无人、无粮，公路也被破坏，大车不能通行，只得退回武乡。

为了证实这一重要情况，当天又派侦察员到武乡侦察，果然看到日军的大车及部分人马，正由榆社回窜武乡。这股敌人很可能增援东、西团城，而武乡城内守敌已大为减少。刘伯承判明情况后，立即商定了一个作战方案："第129师与徐（海东）旅（即第115师344旅）协同动作，配合曾（万钟）军围困段村（即武乡），打击增援；或配合朱怀冰师，或出辽县。"当晚7时，急电报给朱、彭总副司令，立即得到回电同意，并指示如有可能，截住这一路敌人歼灭之。

刘伯承派出一个连，抢在敌人的前面，去攻占武乡。这个连刚出发不久，一位侦察参谋回来报告：常豁镇以西之蔡家岔一带，发现敌300余人，押着很多牛车由北进到南庄西面的山上，正在向西运动。

刘伯承一边听着报告，一边看着地图，高兴地说："鬼子要向我们靠拢了，马上就有大仗打了。先让771团派两个营，立即出发，连夜追击这股敌人。"

▲武乡

14日夜，第129师的几位首长轮流守在电话机旁，同时在地图上根据各部队的报告，计算着几个数字。

"鬼子一天之内，从武乡到榆社，跑了一个来回，有150里路，够他们受的。"徐向前副师长说。

"我们的动员工作搞得好。榆社给鬼子来了一个'空城计'，鬼子是饿着肚皮跑路的。"邓小平政委赞赏榆社的动员和"空舍清野"工作。"鬼子扑来扑去，搞不清楚我们在哪里，我们却一直盯着他们。今晚让部队好好休息，以逸待劳。我们搞个计划，明天上午分配任务。"

15日，师部率主力部队及689团由武涉大道经西井、蟠龙向武乡挺进。傍晚时分，我军到了武乡县城西北的东、西黄岩和东、西胡家垴一带。

吃过晚饭后，大约是9点多钟，师部接到了抢占武乡的先头连的报告：黄昏时，武乡日军弃城而走，沿浊漳河奔向襄垣，据老百姓说，已走了两个小时。

刘伯承问李达："我们现在离武乡县城有多远?"

"只有十几里路了。鬼子辎重多，还有牛车，估计这时走不出20里。"

"鬼子是在我们先头连到武乡之前走的。他们并不是因为打败仗才撤走的，而是找不到吃喝，非走不可!"邓小平政委这样分析。

徐向前沉思了一阵，说："鬼子辎重骡马多，他们从来不习惯于夜间行动。这一次，他们又不是逃命，更不知道我们离他们只有30多里路。他们背的'包袱'大，又有牛车，走不快的。我们现在是轻装，行军速度要比鬼子快得多。只要不被发觉，到天亮就可以追上。"

"追!"刘伯承果断地下了决心。

晚上 10 点，刘伯承通过电话给陈赓下达了追击日军的命令：

"689 团归你指挥，同 772 团为左纵队，沿浊漳河北岸追击敌人。771 团为右纵队，沿着南岸追。769 团为后续部队，沿武乡至襄垣大道跟进。"

"师长，"陈赓同志在电话里说，"我们是不是见到鬼子就打？还是赶到鬼子前边截住打？"

"现在鬼子急于找我们。只要你们追上就打，他肯定要回过头来打你的。"

刘伯承跟陈赓讲完，就给 689 团打电话。但是，689 团的电话线恰恰在此时断了。接着，769 团的电话线也断了。师部迅速派人去抢修。

由于通信联络中断，689 团和 769 团接到命令较迟，赶到预定地点时，已经晚了大约五个小时，使战斗受到很大的影响。

15 日夜里，刘伯承率领师直属队跟在部队后边，顺着大路连夜奔向武乡县城。进了县城，仍可看到许多房屋在弥漫的烟雾中燃烧，不少民房已经倒塌，城南宽阔的河滩上，到处是日军抛弃的东西。刘伯承指示师直属队的同志们暂时停止前进，到附近把老乡们找回来，帮助群众救了火再走。

刘伯承从地上拣起一个空罐头盒儿，对大家说："鬼子一个联队有两三千人，可扔下的罐头盒并不多。他们总不会背着空罐头盒儿跑路吧？"

"敌人的确是饿空了肚皮。他们找不到吃喝，就烧房子报复，这些强盗。"徐向前双眉紧皱地看着被鬼子践踏的城镇。他下了马，挥了挥手，说："咱们分头救火去吧！"

师部离开武乡城，东方已经发白。黎明时的武乡，颇有几分凉意，每个人的脸上都浸着汗珠，大家的心情都不轻松。因为他们都明白，在来势汹汹的 3 万多敌人的围追之中，随时都有被敌人合击的危险。所以，不但要跳出敌人的"马蹄形"包围圈，还要相机抓住敌人的一路歼灭之，这并不是一件轻而易举的事。

▲这是粉碎日寇九路围攻战斗中，八路军第 129 师战士攻入榆社敌军司令部（中央档案馆藏）。

◎ 长乐村之战

陈赓率领 772 团，从敌侧翼经武乡城、小河、黄红坡向东追击。他们飞速前进，平行追敌，到 16 日清晨 7 时，便发现巩家垴有敌侧翼警戒部队四五百人。他们停止前进，隐蔽起来。这股敌人并没有发现772团，便经过马家庄，沿大道继续向东行进。

陈赓旅长这时接到侦察员的报告，说敌人的先头部队已经过了长乐村，但其辎重部队尚在白草地，在马家庄只有敌人的后卫部队，这是歼敌的好时机。可是689团因接到命令较晚，此时还没有赶到，少了一半的战斗力量！陈赓当机立断，不等689团，立即向日军发动进攻。战斗结果表明他的决心是下得对的。

▲陈赓

772团的1营经田庄向型庄，2营经崔庄向李庄，沿山谷小路隐蔽前进，迅速占领了浊漳河北岸高地。日军人马及车辆辎重，正沿着白草地至长乐村的大道缓缓向东而来。772团全部火器突然射击，长乐村之战打响了。

刹那间，子弹、炮弹、手榴弹如急风暴雨，倾泄到敌群之中。顿时，敌军人仰马翻，队伍大乱。陈赓一声令下，冲锋号吹响了，指战员们从山头上、山谷里冲了出来。特务连的战士从两丈多高的绝壁上飞跃而下，和鬼子展开了一场惊心动魄的肉搏战。

771团经南王家垴、马汉脚村，赶到了对岸的窑头、西岭村一线高地，向北展开突击。这样，李庄、型庄间的1500多敌人，已被截为数段，处于两面夹击之中。日军有的钻到车底下打枪，有的利用死马当掩护，有几股日军则端着刺刀向占领了两侧高地的八路军反扑。向北侧进攻的日军，在李庄被772团2营迎面痛揍了一顿，溃败而逃。扑向南侧高地的日军，也被第 771 团密集的火力压回河谷,有一些日军没命地逃进了山脚下的几个窑洞里,成了瓮中之鳖。

已经走过长乐村的日军主力部队,马上集中了 1000 多人,掉过头来解救被围的部队。他们向位于 772 团左翼的戴家垴进攻。戴家垴本属 689 团的阵地,但该团此时尚在途中。刘伯承看到情况紧急,命令陈赓调一个连守住戴家垴,阻击敌人。772 团 10 连担任了阻击任务。勇士们同十倍于自己的敌人浴血奋战,坚持了四个多小时,中午 12 时,一个连的同志全部壮烈牺牲,阵地被敌军攻占了。

正在这个危急关头,第 115 师的 689 团急驰而来,立即向占领戴家垴阵地的顽敌反攻,迅速夺回了阵地。但日军退下去后,困兽犹斗,在猛烈炮火的掩护下,又一次进行了反击。689 团的战士沉着地伏在工事里,待日军向石岩上攀登时,甩出一排排手榴弹,随着爆炸声起,日军四脚朝天地滚了下去。

过了十几分钟,鬼子又重新组织反扑。他们把死尸搬到石岩下堆起来,然后踏着死尸向山冈冲来。689 团的勇士们,随着震耳的冲锋号声,从工事里一跃而出,高喊着"杀呀!"朝着冲上来的鬼子刺去……

这时,敌人第 105 联队的援兵从辽县经蟠龙镇赶来。他们分作两路,一路由蟠龙向 689 团阵地攻击;一路和长乐村的敌人会合,向 772 团阵地反扑。

友军曾万钟的第三军本来是担任在蟠龙打敌人援兵任务的。他们所占领的阵地位置也很有利于出击。令人不解的是,这股日军从他们前面经过时,他们竟一枪未放!所以,这股敌人的出现,是出乎第 129 师意料的。

刘伯承和徐向前商量了一下,为了应付这一紧急情况,决定让 772 团派一部分兵力从侧翼袭击这股援敌。这时是下午 3

点。激战了两个小时后，发现辽县方向又有 1000 多鬼子赶来增援。情况更加紧急了！

徐向前考虑了一下，对刘伯承说："现在我们的几个团都打得很紧张，很难抽出兵力正面阻击这批援敌。我想可以让 769 团和 689 团各抽出一个连，分散开来，形成游击网，从侧翼打击，迷惑鬼子一下。"

"好！"刘师长沉吟了一下说，"看现在的形势，要全部消灭这股援敌，恐怕没有把握。曾万钟的第三军又指望不上。我们首先要扭住这股援兵，避免敌人集中突击。"

刘伯承一边擦眼镜，一边下达命令：通知 769、689 团各抽出一个连，从侧翼阻击敌人；为了保卫已经取得的胜利，除第一线给敌人以猛烈的火力杀伤外，其他部队立即撤离，向云安村、合壁村集结。

772 团团长叶成焕接到撤离的命令后，指挥部队打扫战场，装运胜利品，迅速撤离。他跑上一个高坡，用望远镜观察着增援的敌人。全团都快撤完了，他还站在那里全神贯注地观察着。

突然听到通信员在喊："不好了，团长负伤了！"叶团长刚从高坡上下来时，敌人的子弹正好射中他的头部。

772 团参谋长王波急忙跑到师部，向刘师长报告了叶团长负重伤的消息。

刘伯承大吃一惊，说："走，带我去看看。"说着三步并作两步地奔到了 772 团。他一见到躺在担架上的叶成焕，就俯下身子，双手颤抖地抱着他的头，连声喊着："成焕，成焕啊……"但是，已经失去知觉的叶成焕，再也不能回答师长的呼唤了。刘伯承悲痛的眼泪，滴在叶成焕苍白的面颊上。

叶成焕是第 129 师一名年轻有为的指挥员，是陈赓的得力助手，刘伯承也非常喜欢他。这位年仅 25 岁的团长，在历次战斗中都能当机立断，出色地完成任务。多少次危急的时刻，刘伯承只要知道是叶成焕在前线指挥，紧锁着的双眉就会舒展开来，鉴于叶成焕的表现，师领导正准备研究提升他担任第 386 旅的副旅长。

看到叶成焕的伤势这样严重，刘伯承怎能不悲痛呢！陈赓小声地说："师长，别难过了。成焕由我们照顾，你放心吧。"在场的同志们也都转过脸去，悄悄地擦着眼泪。

刘伯承怜爱地用手抚摸着叶成焕的脸颊，对陈赓说："你们要想尽一切办法抢救。"然后才缓缓地站起来，摘下眼镜，擦了擦充满血丝的泪眼，恋恋不舍地离去。

▲772 团团长叶成焕

第二天，即 17 日，第 129 师于清晨电报集总："此役计获步枪约六十余，轻机枪二，马十余匹，其他军用品一部。我伤亡八百余，团长叶成焕负重伤。据获文件，与我们作战者为敌之第 108 师团柏崎联队，与 104 苫米地旅团之 105 工藤联队及骑炮、工、辎在内，有一个旅团以上兵力。此次战斗在长乐，曾（万钟）军并无人参加。战斗以后查敌死伤确在 1500 以上。"后来，经过精确统计，日军伤亡人数在 2200 人以上，战马被击毙五六百匹。

但是，按照刘伯承的严格要求，这次战斗仍然存在着美中不足之处。首先，就是通信联络欠完善，其次，是组织民众救护队不及时，以致干部要亲自背伤员。他们的精神可嘉，但无形之中削弱了战斗力。再有就是打扫战场不彻底。769团曾以一个营，689团、772团均抽出一个连来做这项工作。可是，有些同志非常马虎，以致往返战场几次，还丢掉了重要的战利品，如电台和一批迫击炮弹等。此后，刘伯承曾几次提到这件事，把这些不细心的人称作"敷衍了事者"。他谆谆告诫大家，都要以此为教训，克服掉粗心大意的缺点。

▲长乐村战斗后缴获的部分战利品

此次战斗，还发现八路军对日军的宣传在日军士兵中产生了反响。如在武乡城边的河滩上作战时，就曾经发生过这样的事情，有一批日军士兵把枪架起来，表示愿意向八路军缴枪，但因为当时八路军人少，而敌人的援兵恰在此时赶到，所以未能来得及收容这些愿意投诚的日本士兵。而且，从缴获的日军士兵信件中可以看出，他们"对同八路军作战简直是视为畏途"，"粮食已是日不得饱，吃不惯中国小米，现在小米都很难得，七人共抽一支香烟，饿着肚子行军"，"一般均悲观失望,'不知明日是否有人在'。"这足以说明日军内部已经出现厌战情绪。

长乐村之战,是粉碎九路围攻中决定性的一仗。它是八路军实施运动游击战术所取得的。进攻长乐村的一路日军受到重挫后,其他各路见势不妙,也纷纷溃退。这样,在不到半个月的时间内,到 4 月 27 日,日军九路围攻晋东南计划,便以伤亡 4000 人的代价而宣告破产。至此,八路军夺回了和顺、榆社、辽县、武乡、沁县、沁源、安泽、屯留、长治、壶关、襄垣等十八座县城,将日军赶出了晋东南,根据地得到了巩固和发展。

◎ 机动灵活的战略战术

在日本九路围攻的部队中,有一路主力部队领头的是苫米地旅团长。日军进攻临汾时,他抢先攻进了临汾城,日军大本营曾授予他一枚勋章。此人诡诈骄纵,曾研究八路军的游击战术,根据八路军"敌退我追"的战术原则,发明了一种叫作"拖刀计"的战法。以往,日军每丢弃一个地方,临走时都要放火烧老百姓的房子。游击队看到村庄起火,以为日军已撤走,就会赶去救火,追击敌人。苫米地的"拖刀计"就是以烧民房伪装撤退,当游击队赶来时,他却突然对游击队伏击或围击。有的游击队就吃过他这个亏。

苫米地得知第 129 师在辽县与黎城之间曾连获胜利,就率部进到辽县一带,伺机奔袭第 129 师。

当第 129 师占领武乡,以一夜百里的高速度行军,追歼敌 25 旅团第 117 联队(联队长柏崎)于长乐村时,苫米地便派遣他的第 105 联队(联队长工藤)从辽县赶来增援。而第 129

师部队避其锋芒，迂回于它的左右，只秘密跟踪而不接战。这位"反游击战专家"对第 129 师的行动没有察觉。直到在长乐村遭到追袭时，他才发现第 129 师的行踪，清醒过来，可是，此时败局已定。他也只好"拖刀"而逃，再也不敢杀"回马枪"了。他不但没有占到便宜，倒是因为在长乐村的失败，日军大本营给了他严厉处分。

刘伯承曾根据苦米地及其他敌酋对付我军的战术，提出了相应的措施。他认为，八路军的战术原则是灵活机动的，不能是千篇一律，死板地套用某一战术原则，否则，就要吃亏。战术是为己所用的，究竟采取哪种战术，这要看具体环境、条件而定。他有一句口头语，就是"不管黄猫黑猫，抓到老鼠就是好猫。"这也是刘伯承对军事辩证法的具体运用。

后来，刘伯承进而提出了"敌进我进"的打法，这当然是指在一定条件下而言的，它是对"敌进我退"原则的一个必要的补充。其意就是在探明敌人要进攻时，即避开使其扑空，而以主力寻袭敌人的要害处，使其必回头救之。这样，就可能变被动为主动，变退却为进攻。

总之，用刘伯承的话说，就是"老住一地，将遭袭击；老走一路，将遭伏击。这是最有害的被动。必须根据当前敌情、本身、地形与时间，灵活地计划和决定游击队袭击的动作，并且是秘密而周到的准备，迅速而突然的袭击"。

晋察冀军区粉碎日军围攻

日军为了确保其后方交通线的安全，消灭抗日根据地，把晋察冀根据地视为眼中钉肉中刺，发动了多次围攻和"扫荡"。1938年秋季，对晋察冀抗日根据地又一次举行大规模的围攻。

日军对此次围攻十分重视，一面在正面战场上加紧进攻，一面又抽调兵力围攻抗日根据地，执行所谓"中攻武汉、南取广州、北围五台"的计划。日军华北方面军司令官寺内寿一认为，在华北地区"治安肃正工作，决定按照作战地区由各兵团自行承担。但对主要地区，有必要由方面军统辖。尤其皇军威力未曾达到的山西北部及连接太行山脉的山岳地带，乃共军巢穴，其影响至今及于华北全区，因此必须彻底扫除，以绝后患。"在寺内寿一亲自指挥下，日军集中了第110师团、第26师团、第109师团、独立混成第2旅团、第4旅团共5万余人的兵力，经过充分准备以后，从平汉、正太、同蒲、平绥铁路沿线，分多路向晋察冀根据地的五台、涞源、阜平等中心地区围攻。日军的战役计划和企图是：以主力从东、南、西三面进攻阜平、五台，北面则从蔚县、涞源并进南下，企图打通蔚县至涞源、易县和代县至灵丘、广灵之公路，以分割晋察冀根据地。

为了粉碎敌人的围攻，晋察冀军区采取坚壁清野，诱敌深入，破坏交通，疲困敌人，游击战与局部运动战相结合，各个歼灭敌人的方针。军区和边区政府及时进行了战备动员，组织群众，拆除了一些县城的城墙，使敌占据这些县城后无坚可守，便于军区部队的袭击。军区还向边区军民提出"一切服从战争，一切为了前线的胜利，保卫家乡"的口号，在全边区进行了反围攻的组织动员和战斗准备。

从 9 月 20 日至 10 月 3 日，日军首先从北面、东面向军区腹地阜平进攻。军区部队为避敌锋芒，以小部队与敌接触，不断地袭扰敌人，以消耗和疲惫敌人，寻机歼敌。

▲阜平县政府

9 月 20 日开始，北线日军 3000 余人由蔚县、广灵向南进犯，其先头部队进占蔚县南之北口、九宫口、松子口。21 日东线日军开始出动。定县敌千余人，附坦克三辆，向曲阳进攻。军区部队先给来敌以迎头痛击，挫其锐气。军区第三军分区部队在七里庄伏击敌人，毙伤北路敌军百余人。同日，保定、望都之敌约700人，附坦克三辆，向完县吴村镇进攻。3分区第十大队在乔家马阻击敌人，毙伤东路敌军百余人。东线敌人至22日先后占领唐县、完县、曲阳、吴村镇等地。从9月23日起，日军在飞机配合下分八路继续向军区腹地围攻。敌人分兵前进，致使每路兵力略显不足。军区部队则继续以小部队牵着敌人的牛鼻子，在根据地里转圈子，为主力部队寻找战机。

东线之敌是进攻的主力。24日，敌500余人由曲阳向西进犯，在刘家马遭到第三军分区第十一、第十二大队的伏击，敌退回曲阳。27日，敌又增至4000人向党城、王快进攻，当日占领党城，28日占领王快。同时，日军另一部500余人进占灵山。本来东线日军企图以突然动作进占军区腹地，但在军区部队沿途袭击下，不得不小心谨慎地前进，进展十分缓慢。南线敌人1500余人，于9月27日由井陉经平山向温塘进攻。军区部队在温塘、洪子店一带阻敌。敌发起四次冲击都被击退。日军另一路1300余人从盂县经神泉寺绕道进攻上社，中途受到袭击，伤亡400余人。此敌于29日渡滹沱河进攻柏兰镇，遇第二、四军分区第五、第九大队和学兵营夹击，激战两日，日军伤亡惨重，清水联队长亦被击毙。西线日军1500余人由定襄出动，配合代县敌1000余人进攻五台，10月3日这股日军进入五台。北线日军800余人，于9月27日从易县出动，与第一军分区部激战两日，占领紫荆关，并于30日进占塔崖驿。至此，各路敌人已分别进入军区腹地。

这时，晋察冀军区接到了中共中央领导同志的指示。10月2日，毛泽东、朱德、彭德怀、王稼祥、刘少奇、彭真致电聂荣臻，对战胜日军围攻晋察冀根据地作了极其重要的指示。电报中说：

甲、晋察冀边区已成为华北根据地之一，及沦陷区民众抗日斗争的导标，使伪傀儡政权不易普遍与巩固的建立，在军事上不致威胁平津张垣重镇，而且威胁平汉、正太、平绥、同蒲诸交通要道，因此引起了敌人严重注意与不断进攻。唯此次围攻较前任何一次来得较有计划与持久性。

乙、估计华北游击战的普遍发展与全国抗战配合，目前敌仍不能集中绝对优势兵力进行周密的围攻计划。因此，应将各方动员起来争取战胜敌之围攻。但五台、阜平、灵丘、涞源及某些大乡镇，一时期有被敌占去的可能。因此：（一）在党政军民中进行深入的政治动员，建立起持久抗战胜利信心，争取持久准备艰苦奋斗是一切工作的重心。（二）动员群众参战，反对动摇妥协投降的某些可能现象的发生。肃清奸细，实行清野空舍，埋藏粮具。（三）军队应注意保护秋收。

丙、根据敌人构筑据点，步步推进，紧缩边区，及敌人顽强与敌力不足的优缺点，提出如下作战意见，请相机灵活执行之：（一）相当的集中主力于我有利的各种条件（敌人弱、地形有利）方面，准备待机。（二）以小部队与敌进行极不规则的小战，迟阻和疲惫敌人，以相当有力部队转入敌之后方交通线，打击敌人运输。（三）如敌无弱可乘，不便我主力集中打击或消灭敌时，待敌进至利害循环变换线，即将主力转至敌后方，仍以小部队分途逐渐引敌深入，使敌疲惫疏忽扑空。待敌转移方向或退却时，给以突然的袭击或追击。

根据中央领导指示精神，结合日军进攻情况，军区经过认真分析、研究认为，进占王快一路的敌人比较突出，决心集结主力打击该敌。于是集中第一军分区的第一、第三大队，第三军分区的第十一、第十二大队，冀中军区的独立第1旅和第二十二、第二十三两个大队，还有军区骑兵营，共计九个团的兵力，设伏于东西庄。以一分区一个中队配置在东西庄实施正面抗击，以两个中队配置在东西庄两侧高地，另一个大队配置在东西庄以北高地，三分区部队配置在东西庄东南高地，独立第1旅配置在东西庄南面，第二十二、第二十三大队配置在东西庄、王林口以南高地，骑兵营活动在曲阳、定县间。计划诱敌至东西庄附近，将敌歼灭。对其他方面敌人则采取运动防御，开展游击战争打击敌人。以一分区一个大队阻击由涞源南犯之敌；第二军分区全部主力阻击由五台东进之敌，以第四军分区部队阻击南线之敌，迟滞敌人前进，以利军区主力作战。

▲1938年秋在东庄我军与敌人展开白刃搏斗，这次战斗共歼敌1300多人。

10月3日，王快敌百余人向东西庄作试探性进攻，被守军击退。当日晚，骑兵营袭击高门屯之敌，毙伤敌70余人，毁敌汽车三辆。4 日 7 时，王快敌步骑兵 1000 余，附炮 18 门，坦克数辆，在飞机数架掩护下向阜平进攻。敌进至东西庄伏击圈时，预伏部队一分区第一一三大队以神速动作向敌侧背冲击。敌开始部分溃退。但由于独立第 1 旅和三分区部队未能及时向敌发起攻击，党城、王快增援敌人陆续赶到。至中午 12 时，敌步骑兵增到 7000 人左右，并以猛烈炮火掩护步兵进行反冲击。军区部队顽强战斗，将敌击退。丧心病狂的日本法西斯，此时向军区部队施放毒气弹 400 余发，军区部队约五个营遭到毒气袭击。激烈战斗进行了数日，为了避免损失，军区部队主动转移，另求战机，日军于 6 日进占阜平。

东西庄战斗，是军区部队此次反围攻作战所取得的首次大的胜利，毙伤敌 1300 余人，给围攻边区日军主力沉重打击，对粉碎敌人围攻具有重要意义。军区部队也伤亡 400 多人，并有 700 余人中毒。在此期间，北线由蔚县、广灵、易县向涞源、灵丘进攻之敌，遭我 359 旅和一分区部队的阻击。敌在马家沟、圣佛寺、居吉沟、灵丘等地的战斗中，被消灭 500 余人后，于 11 日进入涞源城。

10 月 4 日到 10 月 14 日，敌人占据军区的全部县城后，一方面开始修筑据点和公路，企图长期盘踞，另一方面向我部队集结地区分进合击，并向内地清剿。

为了打击和阻止日军建点筑路长期盘踞和向内地清剿的计划，晋察冀军区决心打退进犯之敌，加强袭扰围困建点敌人，以粉碎敌人打通阜平、五台交通及在阜平、台怀建立据点的企图。以各分区主力伸向阜平、曲阳之间，台怀、五台之间，涞源、蔚县之间，广灵、灵丘之间袭扰敌人，并切断敌寇交通运输，以一部阻击阜平与台怀之敌继续进犯。

为了孤立进占阜平之敌，第一军分区部队在阜平至曲阳之间积极打击敌人交通运输。10 月 17 日，第一大队在贾口、镇家庄附近伏击阜平出动之敌一部；20 日，又在郑家庄伏击敌人运输队，消灭敌人 100 余人，缴获大车 40 余辆，残敌退回曲阳。阜平至曲阳间的敌人运输线已被一分区部队切断。三分区第十二大队、游击军和骑兵营于 10 月 19 日夜袭唐县城，歼敌 200 余人。第 120 师 359 旅切断了广灵通往灵丘、蔚县通往涞源的日军运输线。平西部队也在涞源、易县之间敌人交通线上积极活动，不断打击敌人，袭击了蔚县和桃花堡。第一军分区另一部袭入易县西关歼敌数十名。西线之敌占据五台后出动 3000 余人，在东、北两面沙河、大营配合下，在台怀地区寻找我军区主力决战。军区以小部队与敌接触，主力转移。此敌在台怀地区不断遭到袭击，于是在 10 月 13 日分别向沙河、五台撤退。第二军分区部队也将南线进攻灵寿之敌击退。该分区部队和第三军分区部队还不断袭击占领王快、党城、曲阳、灵山、上下社、温塘、盂县之敌。根据地的人民群众坚壁清野，游击队积极配合主力破路，割电线袭扰敌人，使进入军区腹地的敌人陷于困守的境地。

为了配合晋察冀军区部队反围攻作战，冀中军区部队向平汉线进行了广泛的出击，切断了平汉铁路；第 129 师也向正太铁路线广泛出击。进入根据地腹地的敌人，在内外夹击、牵制和袭扰下，进退维谷。在此情况下，八路军部队即转入反围攻作战。

从 10 月 15 日至 11 月 7 日，当敌陷入困守之际，八路军决心寻机歼灭敌人，并截击其辎重，断绝其交通，袭扰其驻地，以驱逐深入根据地的敌人。

10 月 17 日，第 120 师 359 旅 717 团在涞源、蔚县之间的明堡设伏，消灭敌人 400 余人，缴获山炮、迫击炮 3 门，轻机枪 12 挺，步枪 180 余支，电台 1 部，毁敌汽车 35 辆，有力地打击了深入涞源之敌。10 月 28 日，359 旅 718 团一部在广灵南张家湾伏击日军独立第 2 混成旅团 800 余人，毙敌旅团长常冈宽治少将以下 360 余人，缴获山炮 1 门，轻重机枪 7 挺，步枪 50 余支。残敌逃回广灵。以上两次战斗后，日军疯狂气焰顿挫，从此龟缩在涞源城内不敢外出。

占据阜平之敌，因通往曲阳的运输线被切断，又连日遭到袭击，其处境十分孤立。10 月 21 日，阜平敌 5000 余人，曲阳敌千余人同时出动，企图打通交通线，从东、西两面夹击一分区第一大队，该大队适时转移。22 日拂晓，东、西两路敌人相遇，发生误会，互相冲杀，结果遭受很大伤亡，退回王快、党城。这时，留在阜平之敌仅千余人。军区决心集中主力围困阜平敌人。25、26 两日一分区第三大队和 359 旅 717 团连续袭击阜平敌人。27 日晨，阜平敌人在飞机掩护下弃城向东窜到党城。

为了增强晋察冀军区反围攻力量，第 120 师 358 旅（不包括 715 团）于 10 月底进到五台以南的寨里村、中庄村地区集结待机。11 月 2 日晚，占据五台之敌 700 余人以一夜秘密行军占领高洪口，企图袭击在该地的第二分军区第五大队，扑空后回返五台。敌军孤军深入，是歼敌好时机。军区令 358 旅抓住有利战机集中优势兵力消灭该敌。358 旅 716 团于 3 日晚 21时，经 25 公里急行军，进到五台与高洪口之间的滑石片两侧高地设伏，战士们摩拳擦掌士气高昂，等着日本鬼子来送死；714 团急行军赶到滑石片西北之南院村地区准备打击五台可能来援之敌。716 团进入伏击阵地不久，回返五台之敌就进入伏击圈。该团即向敌猛烈攻击，敌人抱头鼠窜，丢盔弃甲。经过一夜激烈战斗，除残敌数十人逃窜外，余敌全部被歼。缴获大小炮6门，轻重机枪30挺，步枪300余支，电台1部，战马百余匹。战斗结束后，716团转移到高洪口。4日下午，五台敌一部向滑石片增援，进到南院村地区，被714团击退。

整个反围攻战役至11月7日结束。全战役历时45日，大小战斗136次，毙伤敌军5300余人；缴获山炮及迫击炮10门，轻重机枪49挺，长短枪570余支。这次战役，日军仅占去靠近其交通线的几座县城，而对根据地没有丝毫的影响。通过反围攻作战，根据地的军民经受了考验，积累了对敌斗争的经验，根据地的事业得到了更大的发展。